# DETECTIVES 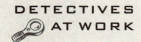 AT WORK

**MIT ILLUSTRATIONEN
VON SABINE VÖLKERS**

RENATE AHRENS

# Rettet die Geparde!

EIN DEUTSCH-ENGLISCHER
KINDERKRIMI

ROWOHLT TASCHENBUCH VERLAG

Originalausgabe
Veröffentlicht im Rowohlt Taschenbuch Verlag,
Reinbek bei Hamburg, Januar 2008
Copyright © 2008 by Rowohlt Verlag GmbH,
Reinbek bei Hamburg
Lektorat Christiane Steen
Umschlag- und Innenillustrationen Sabine Völkers
Umschlaggestaltung any.way, Barbara Hawke/Cordula Schmidt
Satz Plantin PostScript (InDesign)
bei KCS GmbH, Buchholz bei Hamburg
Druck und Bindung Druckerei C. H. Beck, Nördlingen
Printed in Germany
ISBN 978 3 499 21432 5

# RETTET DIE GEPARDE!

# HIER STIMMT IRGENDWAS NICHT!

Niklas blickte aus dem Fenster und wünschte, er wäre jetzt dort unten am Meer. Das Wasser in Camps Bay glitzerte in der Sonne, der Himmel war strahlend blau, und in der Ferne kreuzte ein Segelboot.

Stattdessen musste er hier am Esstisch sitzen und einen englischen Lückentext ausfüllen! Mit Philipp, diesem merkwürdigen Studenten, den Mama und Papa als Hauslehrer angestellt hatten, und Lea, seiner kleinen Schwester, die immer alles sofort kapierte.

«Fertig!», rief Lea und warf den Kopf nach hinten. Ihr blonder Pferdeschwanz wippte.

«That's great!», sagte Philipp. «Let's have a look.»

Oh, nee!, dachte Niklas. Wären sie doch bloß in Hamburg geblieben! Dort hatte er seine Freunde und seinen Detektivclub. Den hatten sie gerade erst gegründet, als Papa Lea und ihm verkündete, dass sie für drei Monate nach Kapstadt gehen würden. Er hatte den Auftrag, hier einen Fernsehfilm zu drehen, und Mama schrieb Reportagen über Südafrika für irgendwelche deutschen Zeitschriften. Warum hatten die beiden nicht normale Berufe wie andere Eltern auch? Berufe, bei denen man nicht ständig durch die Gegend ziehen musste.

«Niklas, stop dreaming!»

«Was?»

Philipp sah ihn stirnrunzelnd an. «Du sollst aufhören zu träumen.»

«Ich hab keine Lust zu dieser blöden Übung.»

«Nur noch zehn Minuten. Dann ist Schluss für heute.»

«Okay ...», seufzte Niklas und fuhr sich mit beiden Händen durch seine dunklen Locken. «Aber ich kann einfach kein Englisch.»

«We'll do the exercise together. You'll see it's quite easy.»

Während Philipp sich neben Niklas setzte und ihm bei der Übung half, drehte Lea an ihrem Pferdeschwanz und überlegte, ob sie nachher bei Johnny und Julie vorbeigehen sollten. Sie war so froh gewesen, als Papa ihnen erzählt hatte, dass die Kinder seines Kameramanns etwas Deutsch könnten, weil ihre Mutter aus Stuttgart stammte.

Davor hatte Lea am meisten Angst gehabt, als sie vor zwei Wochen in Camps Bay, einem Vorort von Kapstadt, angekommen waren: dass sie keine Freunde finden würde, weil sie kaum Englisch konnte. Aber jetzt hatte sie schon ein paar Sätze gelernt: My name is Lea. I'm from Hamburg and I'm eight years old. I love ballet and books and computers.

Philipps Englisch war viel besser als das von Mama und Papa. Wahrscheinlich lag es daran, dass er ein Jahr in Amerika studiert hatte.

Leider sah er ziemlich spießig aus mit seiner altmodischen Brille und der Bügelfaltenhose. Ein Wunder, dass er beim Unterricht keine Krawatte trug wie an dem Tag, als er sich bei Mama und Papa um den Job beworben hatte. Niklas und sie hatten sich damals fast schlapp gelacht. Aber eigentlich war Philipp gar nicht so schlimm. Nur Niklas fand ihn immer noch unmöglich, doch der maulte sowieso nur rum. Er wollte unbedingt zu seinen Detektiv-Freunden nach Hamburg zurück.

Dabei war's hier wirklich schön. Lea liebte das Haus, von dem aus man vorn aufs Meer und hinten auf den Tafelberg schauen konnte. Sie hatten einen großen Garten und sogar einen Pool! Und Johnny und Julie wohnten nur drei Häuser weiter.

«That's it!», hörte sie Philipp in dem Moment sagen. «Siehst du, Niklas, du kannst es doch.»

«Dürfen wir jetzt gehen?», rief er ungeduldig.

«Just one more minute. Tell me ... Where do you come from?»

«Germany.»

«How old are you?»

«Ten.»

«What's your favourite hobby?»

«... Riding my mountain bike.»

«And what else do you like doing?»

«I like ... taking pictures with my camera.»

«Okay.»

«And I like playing football.»

«What's the other word for football?»

«Soccer.»

«Then off you go!»

Das ließ Niklas sich nicht zweimal sagen. Er sprang auf und rannte aus dem Zimmer. Endlich hatten sie frei!

Im Flur kam ihm Mama entgegen und wollte wissen, ob er schön gelernt hätte.

Niklas ratterte seine englischen Sätze runter und lief weiter nach draußen in den Garten. Immerzu lag sie ihm damit in den Ohren, dass er mehr lernen sollte, weil er im letzten Zeugnis wieder nur Dreien und Vieren gehabt hatte. Aber das war bei Papa auch schon so gewesen, und aus dem war trotzdem was geworden.

Niklas zog seine Shorts aus, streifte sein T-Shirt über den Kopf und stellte sich unter die Gartendusche. Der Pool war das einzig Gute an diesem Ort.

Kaum war er ins Wasser gesprungen, als Lea angelaufen kam und auch schwimmen wollte. Konnte sie ihn denn nie allein lassen? Während sie mit hochgerecktem Kopf hin und her schwamm, tauchte Niklas ein paarmal nach einem alten Gummiring, den er neulich im Garten gefunden hatte. Wenn er tauchte, musste er nicht mit ihr reden. Aber Lea konnte man nicht so schnell entkommen.

«Gehen wir gleich zu Johnny und Julie rüber?», fragte sie, als er völlig außer Puste am Beckenrand auftauchte.

«Mal sehen.»

«Bitte! Die beiden haben gestern schon gefragt, wo du bleibst.»

«Und was findest du an denen so toll? Dass Johnny einen Computer hat?»

«Du gehst mir mit deiner schlechten Laune echt auf die Nerven», rief Lea und kletterte aus dem Becken.

«Warum spielst du nicht allein mit deinen neuen Freunden? Dann hab ich wenigstens meine Ruhe.»

«Julie hat gesagt, dass du auch mal auf ihrem Mountainbike fahren darfst.»

«Aha ...»

Lea sah genau, wie Niklas zögerte. Er vermisste sein Hamburger Rad, denn das, was Papa hier für ihn geliehen hatte, war lange nicht so gut.

«Sie hat ein Super-Mountainbike.»

«Ich denke drüber nach.»

Eine halbe Stunde später standen sie gemeinsam bei Johnny und Julie vorm Gartentor. Überall blühte es, und Niklas entdeckte sogar einen Zitronenbaum.

«Das ist Blacky», sagte Lea und streichelte eine kleine schwarze Katze, die um ihre Beine strich. «Sie ist sechs Monate alt.»

«Du kennst dich ja schon gut aus», murmelte Niklas.

«Die Gäste geben ihr immer irgendwelche Leckerbissen.»

«Was für Gäste?»

«Wusstest du nicht, dass die Mutter von Johnny und Julie ein *Bed & Breakfast* hat?»

«Ein *was*?»

«Eine Gästepension mit drei Zimmern. *Bed & Breakfast* heißt Bett und Frühstück. Sie haben oft Gäste aus Deutschland.»

Lea drückte auf die Klingel.

Als sie eine Stimme aus der Gegensprechanlage hörte, reckte sie sich und rief: «It's Lea and Niklas!»

Da sprang das Tor auf, und kurz darauf kamen ihnen Johnny und Julie entgegengelaufen. Sie hatten beide kurze, hellblonde Haare und waren braun gebrannt.

Lea hatte ihm erzählt, dass Johnny neun war und Julie elf, aber sie war so groß, dass man sie glatt für zwölf halten konnte.

«Hi!», rief Johnny und strahlte.

«Hi!», sagte Julie mit einem Seitenblick auf Niklas.

«Hallo ...»

«Come here, Blacky.» Julie bückte sich und nahm die Katze auf den Arm.

«Die ist so süß!», rief Lea.

«Yes, she's gorgeous», murmelte Julie und strich mit

ihrer Nase über Blackys Rücken. Sofort fing Blacky an zu schnurren.

Einen Moment lang schwiegen sie alle vier.

«Lea told me that you like mountain bikes», sagte Julie schließlich.

Niklas nickte.

«Would you like to try mine?»

«Das hab ich nicht verstanden.»

«Willst du ... meins mal probieren?»

«Okay ...»

«I'll show you where it is.»

«Can't you do that later?», fragte Johnny. «I thought we wanted to go and get some ice cream.»

«Hast du was von Eis gesagt?», rief Lea mit leuchtenden Augen.

«Yes, the one in the supermarket is the best.»

«Was ist mit dem Supermarkt?», fragte Niklas.

«Dort ... schmeckt das Eis am besten.»

«Und da wollen wir jetzt hin?»

«Ja!», rief Lea.

«Aber wir haben kein Geld mit.»

«We'll get it for you», sagte Johnny und zeigte auf sein Portemonnaie.

«Thanks ...»

«You can take my bike ... wenn wir wiederkommen», schlug Julie vor.

Und so zogen sie zu viert los. Lea und Johnny liefen

voran, und Niklas hörte, wie sie sich in einem deutsch-englischen Mischmasch über Computerspiele unterhielten. Lea hatte es gut, dass es ihr so leichtfiel, einfach auf Englisch loszureden.

«You're not too happy here, are you?», fragte Julie nach einer Weile.

«Was hast du gesagt?»

«Du bist nicht so ... glücklich hier, oder?»

Niklas schüttelte den Kopf. «Ich vermisse meine Freunde in Hamburg.»

«Sure ... das würde mir auch so gehen.»

«Warst du schon mal in Deutschland?»

«Ja, wir fahren ... jedes Jahr nach Stuttgart. That's where my grandparents live.»

Grandparents waren Großeltern, das wusste Niklas. «In Stuttgart war ich noch nie.»

«I love it. They have trams and even underground trains.»

«Sind das U-Bahnen?»

«Ja.»

«Die gibt's in Hamburg auch. Und was sind ‹trams›?»

«... Straßenbahnen.»

«Die haben wir nicht.»

Sie waren unten an der Küstenstraße angekommen, wo Lea und Johnny auf sie warteten.

«Sind die nicht toll?», rief Lea und zeigte auf die vielen Palmen, die den Strand säumten.

Das sagte Lea immer, wenn sie hier vorbeikamen, und heute gab Niklas ihr zum ersten Mal recht. Diese riesigen Palmen waren wirklich wunderschön.

Sie betraten den Supermarkt, der so voll war, dass sie nur mit Mühe zur Eistruhe gelangen konnten.

Niklas wählte ein Eis aus, und als Julie ihn fragte, ob Lea und er noch irgendwas anderes wollten, fiel ihm plötzlich ein, dass es hier vielleicht seine geliebten Lakritzstangen gab.

«Geht schon mal vor an die Kasse, ich komme gleich nach.»

Es dauerte ein paar Minuten, bis er das Regal mit den Süßigkeiten gefunden hatte. Während er die Reihen nach Lakritz absuchte, hörte er, dass auf der anderen Seite des Regals Deutsch gesprochen wurde.

Niklas spitzte die Ohren.

Ein Mann redete leise auf eine Frau ein.

«Hast du dir das auch richtig überlegt?», wollte sie wissen.

«Ja, natürlich.»

«Es ist ein sehr schwieriger Transport.»

«Aber die Sache ist absolut sicher.»

«Und wenn mit den Tieren was passiert?»

«Was soll da schon passieren? Denk an die Kohle! Wo kannst du in so kurzer Zeit so viel Geld verdienen?»

Niklas' Hände wurden feucht. Hier stimmte doch irgendwas nicht.

Als er um die Ecke bog, um zu sehen, wer zu den Stimmen gehörte, waren die beiden schon im Gedränge verschwunden.

Da fiel ihm seine Kamera ein. Die hatte er zum Glück immer dabei – schließlich war er ein Detektiv, oder nicht? Und diese Unterhaltung hatte doch wirklich verdächtig geklungen. Ruck, zuck machte er ein paar Fotos von den Leuten, die sich hier zwischen den Regalen durchschoben. Vielleicht würden ihm die Bilder weiterhelfen.

«Wo bleibst du denn?», rief Lea da quer durch den Laden. «Das Eis schmilzt!»

Niklas knipste noch ein paarmal in das Gewühl, dann bahnte er sich einen Weg zur Kasse.

«Did you find what you were looking for?», fragte Julie.

«No, I ...»

Lea runzelte die Stirn. «Was ist?»

«Nichts», antwortete Niklas.

Aber sein Herz klopfte noch immer.

# HURRY UP!
# HURRY UP!

Als sie wieder zu Hause waren, verschwand Niklas sofort in sein Zimmer. Er warf sich auf sein Bett und schaute sich die Fotos in seiner Digitalkamera an. Lauter unbekannte Menschen mit dunkelbrauner, hellbrauner oder heller Haut. Weil der Mann und die Frau Deutsch gesprochen hatten, vermutete er, dass sie hellhäutig waren, aber nicht mal das war sicher.

Er vergrößerte einzelne Ausschnitte und entdeckte auf einem der Bilder den grinsenden Johnny mit einem Eis in der Hand. Auf einem anderen Bild sah er ein junges Paar, das sich küsste. Aber das waren nicht die beiden, die er suchte, denn die Stimme des Mannes hatte nicht so jung geklungen. Zwei andere Männer waren schon zu alt, und drei Frauen mit ihren kleinen Kindern kamen auch nicht in Frage. Ein Bild zeigte einen Mann mit einer blauen Baseballkappe. Doch der schien allein unterwegs zu sein. Dahinter stand ein Mann mit dunklen Stoppelhaaren und einem silbernen Ohrring, der sich mit einer Frau unterhielt, die einen langen blonden Zopf und genauso einen Ohrring hatte. Sie waren vielleicht dreißig oder vierzig. Das könnte hinkommen. Und auf dem letzten Bild sah er einen Mann mit welligen braunen Haaren, in denen eine Sonnenbrille steckte. Er trug ein gelbes Polohemd. Der hatte auch das richtige Alter.

Niklas schaltete die Kamera aus und überlegte, was er unternehmen sollte. Wenn doch bloß seine Hamburger Freunde vom Detektivclub hier wären! Dann würden sie jetzt gemeinsam einen Plan entwickeln und vielleicht ihren ersten richtigen Fall lösen.

Lea wollte er nicht erzählen, was er gehört hatte. Sie brächte es fertig, alle möglichen Deutschen in Camps Bay zu befragen, ob sie irgendeinen Transport planen würden. Und dann würden die Typen womöglich noch gewarnt.

Als sie beim Abendbrot saßen, klingelte es, und Mr. Saunders, der Vater von Julie und Johnny, kam herein. Niklas zuckte zusammen, als er sah, dass er ein gelbes Polohemd trug. Und braune, wellige Haare hatte er auch. Nur die Sonnenbrille fehlte, aber die Sonne war schon untergegangen.

«Hi, everybody», rief Mr. Saunders. «Sorry to disturb you.»

«Don't worry», antwortete Papa. «Please sit down.»

«Thanks, but I won't be able to stay. Could I just have a quick word with you?»

«Yes, of course you can.»

Papa stand auf und ging mit ihm ins Nebenzimmer. War es möglich, dass Mr. Saunders in irgendwelche dunklen Geschäfte verwickelt war? Aber sprach er überhaupt Deutsch?

«Ist irgendwas mit dir?», fragte Mama. «Du bist so still.»

Niklas schüttelte den Kopf.

«Vorhin, als wir aus dem Supermarkt kamen, warst du auch schon so komisch», meinte Lea.

«Es ist nichts!», antwortete Niklas genervt.

In der Nacht träumte er, dass er in einem düsteren Hinterhof eingesperrt war und Kartons voller Lakritzstangen auf einen LKW laden musste. Hinter ihm stand Mr. Saunders und schrie: «Hurry up! Hurry up!» Niklas lief der Schweiß von der Stirn; die Kartons waren so schwer, und er konnte kaum noch seine Arme heben. «Es ist ein sehr schwieriger Transport», hörte er da eine Frau sagen. Und auf einmal wusste er, dass in den Kartons nicht nur Lakritzstangen waren …

Niklas schreckte hoch. Um ihn herum war alles dunkel. Er tastete nach dem Lichtschalter seiner Nachttischlampe, konnte ihn aber nicht finden. Als er aufstehen wollte, erschrak er. Der Boden unter seinen Füßen fühlte sich pelzig an. Wo war er? Plötzlich erinnerte er sich: Sie waren in Kapstadt, und sein Zimmer hatte keinen Holzfußboden wie zu Hause, sondern einen Teppichboden. Und jetzt fand er auch die Lampe, die an der Wand hinter ihm angebracht war.

Er war ganz nass geschwitzt von dem Albtraum, den er gehabt hatte. Sollte er Mama und Papa nicht doch morgen früh von den beiden Deutschen aus dem Supermarkt erzählen?

Ein Geräusch an der Tür ließ ihn zusammenzucken.

«Niklas?»

«Ja?»

Papa kam herein und setzte sich auf sein Bett. «Ich hab gesehen, dass bei dir Licht an war. Hast du schlecht geträumt?»

«Hm ...»

«Du hast es nicht so leicht im Moment, oder?»

«Nee.»

«Pass auf, bald wirst du mit dem Englischen schon viel besser zurechtkommen.»

«Glaub ich nicht.»

«Philipp hat mir gesagt, es sei nicht so, dass du es nicht könntest. Du traust dich einfach nicht.»

«Ich kann nicht so drauflosreden wie Lea. Außerdem hat sie ein Wahnsinnsgedächtnis. Die schnappt irgendwas auf und behält es sofort.»

Papa nickte und strich ihm über die Stirn. «Aber Lea ist die Ausnahme. Den meisten Menschen geht es so wie dir. Was meinst du, wie hilflos ich war, als ich mit vierzehn zu meinem Brieffreund nach England geschickt wurde! Ich hab in meinem ganzen Leben nicht so wenig geredet wie in diesen drei Wochen.»

«Aber warum kommen wir dann hierher? Ich wäre viel lieber in Hamburg geblieben.»

«Ach, Niklas», seufzte Papa. «Ich wollte nicht schon wieder monatelang von euch getrennt sein. Und als Mama dann diese guten Aufträge für Reportagen bekam, da dachten wir –»

«Wenn wir mit Johnny und Julie zusammen sind, komm ich mir richtig blöd vor. Die müssen sich doch auch wundern, wieso meine kleine Schwester besser Englisch kann als ich.»

«Zum Glück können die beiden ja ganz gut Deutsch.»

«Trotzdem.»

«Ich hab gehört, ihr wart gestern alle zusammen im Supermarkt.»

«Hm ...»

«Lea und du, ihr denkt an das, was wir verabredet haben, oder?»

Niklas nickte. Sie durften bis zur Küstenstraße runtergehen, aber nicht allein an den Strand. Und sie mussten in Camps Bay bleiben.

«Der Vater von Julie und Johnny hat mir nochmal gesagt, dass er seinen Kindern auch nicht erlauben würde, Camps Bay zu verlassen. Kapstadt ist gefährlicher als Hamburg.»

«Hm ...» Wieder dachte Niklas an die Stimmen im Supermarkt. Aber das waren Deutsche gewesen, keine Südafrikaner. «Kann Mr. Saunders eigentlich Deutsch?»

«Nein, wieso?»

«Och, ich dachte nur ... weil Johnnys und Julies Mutter Deutsche ist.»

«Er hat mir gesagt, dass er kein Sprachtalent hat.»

«Noch so einer wie ich», murmelte Niklas.

«Quatsch! Du wirst bald Englisch lernen. Und nun schlaf schön weiter. Ich werde morgen den ganzen Tag unterwegs sein, weil ich die Dreharbeiten vorbereiten muss. Da sehen wir uns erst abends.»

«Okay. Du, Papa ...»

«Ja?»

«Im Supermarkt hab ich ...»

«Was?»

«Keine Lakritzstangen gefunden.»

«Die werden wir schon irgendwo anders bekommen», sagte Papa und gab ihm einen Kuss.

Nachdem er gegangen war, rollte Niklas sich von einer Seite auf die andere. Er war erleichtert, dass Mr. Saunders als Verdächtiger wegfiel, aber jetzt hatte er gar keine Spur mehr. Wo sollte er mit seiner Suche anfangen?

# Alle könnten es sein

**W**as war bloß mit Niklas los?, fragte sich Lea. Sie hatte ihn schon zweimal geweckt, und er schlief immer noch tief und fest.

«Aufstehen!», rief sie und zog ihm die Decke weg.

«Nein!», jammerte er. «Ich bin noch so müde.»

«Wieso?»

«Weil ich in der Nacht so lange wach war.»

«Und warum warst du wach?»

«Hör auf zu fragen! Ich will schlafen.»

«Kommt nicht in Frage!», rief da Mama aus dem Flur. «Das Frühstück ist fertig.»

«Geh weg, Lea», murmelte Niklas und griff nach seiner Decke.

Lea verließ schmollend sein Zimmer. Zu Hause hatten sie auch manchmal Streit, aber seitdem sie in Kapstadt waren, fand sie Niklas unausstehlich.

Auf dem Weg zur Küche hörte sie, wie Mama richtig böse mit ihm wurde. Um Punkt neun würde der Unterricht anfangen, und er solle sich gefälligst beeilen. Wenn er glaubte, dass er sich einen solchen Schlendrian leisten könnte, nur weil sie einen Hauslehrer hätten, dann hätte er sich getäuscht.

Es wurde ein sehr ungemütliches Frühstück. Niklas rührte lustlos in seinem Müsli herum, während Mama ihren Kaffee im Stehen trank und eine Einkaufsliste für Helen, ihre Haushälterin, schrieb. Papa war, wie immer, schon um halb acht aus dem Haus gegangen.

«Good morning!»

Das war Helens Stimme! Lea sprang auf und lief in den Flur.

Helen lächelte, als sie sie sah. «How are you today?»

«Fine, thank you. And you?»

«I'm just fine, too. It's a lovely morning, isn't it?»

Lea nickte. Die Sonne schien, und von ihrem Fenster aus hatte sie gesehen, dass das Meer spiegelglatt war.

«How is your baby?»

Helen lächelte wieder. «She's very well.»

Lea hatte Helens Baby vor ein paar Tagen zum ersten Mal gesehen. Es war fünf Monate alt und noch sehr klein und dünn. Sie hatte es ausnahmsweise mal mitgebracht, weil es krank war. Sonst kümmerte sich die Oma darum. Helen hatte ihr erzählt, dass die Oma auf acht Enkelkinder aufpasste, damit ihre drei Töchter arbeiten konnten.

Und hier passte Helen auf Niklas und sie auf, wenn

Mama und Papa weg waren. Lea fand das seltsam. Helen vermisste bestimmt ihr Baby.

Während Mama Helen begrüßte und mit ihr besprach, was sie heute kochen sollte, schlüpfte Niklas aus der Küche.

«Nicht vergessen: um Punkt neun!», rief Mama hinter ihm her.

Niklas brummelte irgendwas, was Lea nicht verstehen konnte, dann verschwand er ins Badezimmer.

Sie lief in den Garten, um nachzusehen, ob an dem

Busch, den sie so liebte, neue Blüten aufgegangen waren. Ja, es gab vier, fünf ... nein sechs dicke rote Blüten, die nach Honig dufteten.

«Hallo, Lea!»

Sie drehte sich um. «Hallo, Philipp!»

Er war gerade aus dem Gartenhaus gekommen, in dem er eine eigene Wohnung hatte. Seine Bügelfaltenhose sah schon ziemlich zerknittert aus. Lea grinste. Niklas würde wieder über ihn lästern.

Heute vergingen die Schulstunden noch langsamer als sonst. Niklas dachte an seine Fotos. Vielleicht war doch irgendwas Wichtiges darauf zu erkennen!

«Niklas?»

«Ja?»

«Kannst du bitte die nächste Aufgabe vorrechnen?»

«Ich weiß nicht, wo wir sind ...»

«Mensch, schläfst du immer noch, oder was?», rief Lea.

«Ach, ihr könnt mich mal!», schrie Niklas und sprang auf. Er knallte das Mathebuch auf den Boden und rannte aus dem Zimmer.

Wenn er jetzt Mama begegnen würde, konnte er es auch nicht ändern. Aber vielleicht hatte er mal Glück, und sie war schon weg, um wieder irgendwelche Leute zu interviewen.

«What happened?»

Vor ihm stand Helen und schaute ihn erschrocken an.

«I ... I have to get out!», antwortete er und lief nach draußen auf die Straße.

Dann fing er an zu rennen. Wahrscheinlich würde Helen jetzt mit Philipp reden, und gleich würden sie alle hinter ihm herkommen.

Doch als er sich nach einer Weile umsah, stellte er erleichtert fest, dass niemand ihm folgte.

Trotzdem rannte er weiter, bis er unten die Küstenstraße erreicht hatte.

Allmählich beruhigte er sich wieder. Er musste mit Papa reden und ihn fragen, ob Lea und er nicht getrennt Unterricht haben konnten. Mit ihr zusammen hielt er es einfach nicht aus.

Während er noch überlegte, ob er nicht doch mal kurz an den Strand gehen sollte, sah er einen Mann mit dunklen Stoppelhaaren und einem silbernen Ohrring auf sich zukommen. Ob das der Typ aus dem Supermarkt war?

Er holte seine Kamera aus der Tasche und tat so, als ob er die Palmen fotografieren würde. Gleich würde er etwas nach links herumschwenken, und schon hätte er ihn drauf.

Doch in dem Moment liefen zwei kichernde junge Frauen durchs Bild. So was Blödes!

«Get your dirty hands off me!», hörte er den Mann

da schreien und sah gerade noch, wie er einen kleinen schwarzen Jungen verscheuchte, der ihn angebettelt hatte.

Kein Deutscher, also ist er's nicht, dachte Niklas enttäuscht.

Als Nächstes entdeckte er auf der anderen Straßenseite einen Mann mit einer blauen Baseballkappe, der sich eine Zigarette ansteckte. Und gleich darauf noch einen, der aus einer Pizzeria kam und in einen weißen Opel Astra stieg. Und einen dritten, der mit einem kleinen Kind auf dem Arm in eine Eisdiele ging.

Blaue Baseballkappen schienen im Augenblick modern zu sein. So würde er nicht weiterkommen.

Seufzend machte Niklas sich auf den Nachhauseweg. In der Hitze bergauf zu laufen war ziemlich anstrengend. «Frühling» nannte sich das hier. Ein Frühling im Oktober. Wie heiß würde es erst im Sommer sein?

Niemand war mittags um zwölf zu Fuß auf der Straße unterwegs. Die Luft flimmerte, und an einer Stelle war der Asphalt so weich, dass er mit seinem Turnschuh einsank.

Zu Hause hätte er sich am liebsten in den Garten geschlichen und in die Hängematte gelegt, aber dann beschloss er doch zu klingeln, weil es sonst nur Ärger geben würde.

Es war Helen, die ihm die Tür aufmachte.

«Everything all right again?», fragte sie und lächelte.

Er nickte.

«Would you like something to drink?»

«Yes ... please ...»

Sie mixte ihm eine Weintraubenschorle mit Eiswürfeln, die köstlich schmeckte.

«Thank you.»

Er ging in sein Zimmer, warf sich auf sein Bett und schaute sich nochmal die Fotos aus dem Supermarkt an. Vielleicht würde er irgendwas entdecken, was ihm bisher nicht aufgefallen war.

Der Mann mit der blauen Baseballkappe hatte kurze dunkle Haare und war ziemlich blass. Der Mann mit dem gelben Polohemd und der Sonnenbrille in den Haaren hatte einen braunen Schnauzbart. Und dann war da noch ein Mann mit einem kleinen grauen Zopf. Er redete auf jemanden ein, der nicht mit aufs Bild gekommen war. Niklas richtete sich auf. War das vielleicht der Typ, den er suchte?

«Niklas?», hörte er Philipp da rufen.

Schnell ließ er die Kamera in seiner Hosentasche verschwinden. «Ja ...»

Philipp kam herein und setzte sich zu ihm aufs Bett. Eine Weile sprachen sie kein Wort, bis Niklas schließlich anfing zu erklären, wieso er den Unterricht mit Lea zusammen so unerträglich fand.

«Ich weiß», sagte Philipp. «Und ich werde nachher mit deinen Eltern sprechen. Wir müssen einen anderen Weg finden.»

Was für eine scheußliche Hose er anhat, dachte Niklas. Aber irgendwie ist er doch nett.

«Machen wir noch zu zweit eine Stunde Englisch?»

«Okay ...»

Als Niklas ins Esszimmer kam, sah er durch die Terrassentür, wie Lea im Garten spielte. Sollte er ihr nachher von der Sache erzählen? Sie hatte manchmal ganz gute Ideen.

«Are you ready?», fragte Philipp.

«Yes», antwortete Niklas.

# WHO'S THAT?

Lea liebte Helens Essen. Heute gab es gegrillte Würstchen, süße Kartoffeln, die «sweet potatoes» hießen, und ein Gemüsemus, das knallorange aussah und so lecker war, dass Lea sich gleich nochmal nahm.

«You love my butternut, don't you?», sagte Helen und lächelte.

«Butternuss ...», übersetzte Lea. «Schmeckt wirklich 'n bisschen nach Nuss.»

«Das ist eine Art Kürbis», erklärte Philipp.

«Butternut», murmelte Niklas. «Gibt's das in Hamburg auch?»

«Ja, Helen hat mir erzählt, dass es nach Deutschland exportiert wird, aber du bekommst es nicht unbedingt in jedem Supermarkt.»

Lea sah, wie Niklas zusammenzuckte. Was war bloß mit ihm los? Nachts lag er wach, beim Unterricht flippte er auf einmal aus und rannte weg, und jetzt erschrak er bei dem Wort «Supermarkt». Das war doch nicht normal.

«Now ... who would like some pineapple?», fragte

Helen und stellte eine Schale mit Ananas auf den Tisch.

«Hmmm!», rief Lea und griff als Erste nach dem Löffel.

Während sie ihren Nachtisch aßen, erkundigte sich Philipp, was sie nachmittags vorhätten. Lea erzählte, dass sie eine SMS von Johnny bekommen hätte. Sie würde um vier zum Schwimmen rübergehen.

«Und du?», wandte Philipp sich an Niklas.

«Ich geh vielleicht mit», antwortete er.

Lea strahlte. «Dann kannst du heute Julies Mountainbike ausprobieren. Das hast du gestern ganz vergessen.»

«Stimmt.»

Um kurz vor vier zogen sie los. Lea hatte ihre Badetasche dabei, Niklas genügte ein Handtuch, in das er seine Badehose eingerollt hatte.

Irgendwo im Haus spielte jemand Klavier.

«Das ist Johnny», sagte Lea. «Der hat erst seit zwei Jahren Unterricht und spielt schon so gut.»

«I'll be down in a second!», hörten sie Julie von oben rufen.

Zehn Minuten später saß Niklas auf Julies Mountainbike und fuhr die Straße entlang. Was für ein Gefühl, endlich wieder auf einem Rad zu sitzen, das eine vernünftige Gangschaltung hatte! Am liebsten wäre er eine längere Strecke geradelt, aber er hatte ein bisschen Angst wegen des Linksverkehrs; deshalb fuhr er nur ein paarmal die Straße auf und ab.

Plötzlich kam ihm ein weißer Opel Astra entgegen. Niklas bremste und beugte sich vor, um zu sehen, ob am Steuer ein Mann mit einer blauen Baseballkappe saß. Leider blendete ihn die Sonne so sehr, dass er nichts erkennen konnte.

Doch dann stellte er fest, dass der Wagen ausgerechnet vor dem Gartentor von Johnnys und Julies Haus zum Stehen kam. Gleich darauf öffnete sich das Tor, und der Wagen fuhr weiter auf einen der Gästeparkplätze.

Niklas hielt die Luft an. Jetzt wurde die Fahrertür geöffnet, und da stieg tatsächlich ein Mann mit einer blauen Baseballkappe aus! Kurze dunkle Haare, groß, schlank und etwa vierzig Jahre alt. Das passte genau! Er streckte sich, holte einen Rucksack aus seinem Kofferraum und verschwand im Haus.

Vom Pool war Leas und Johnnys Kreischen zu hören. Niklas beschloss, dass er das Rad jetzt zurückgeben würde. Vielleicht konnte Julie ihm etwas über diesen Gast erzählen.

Er lugte durch die Hecke. «Hi ... I'm back!»

«Did you enjoy it?», fragte Julie, als sie ihm das Tor aufmachte.

«Yes, it was great! Du hast ein Super-Mountainbike!»

«Thanks. Do you want to have a swim now?»

Niklas nickte. «But ... Ich wollte dich auch was fragen.»

«Okay.»

In dem Augenblick kam eine Frau auf sie zu, die genauso blonde Haare hatte wie Julie und Johnny.

«Du bist bestimmt Niklas, oder?»

«Ja.»

«Wie schön, dass ihr jetzt unsere Nachbarn seid. Da kann ich endlich mal wieder mehr Deutsch sprechen.»

«My father just knows a few words in German», erklärte Julie.

«Ja, leider», seufzte ihre Mutter. «So, und nun wünsche ich euch viel Spaß beim Schwimmen!»

«Danke», antwortete Niklas.

«What did you want to ask me?», fragte Julie, nachdem ihre Mutter ins Haus gegangen war.

«Der Mann, der den Wagen da fährt ...» Er zeigte auf den weißen Opel Astra. «Who's that?»

«That's one of our guests», antwortete Julie leise. «He's really strange.»

«Was heißt das?»

«... Merkwürdig. He keeps telling us all kinds of stories!»

«Who's that?», rief Johnny und tauchte mit der nassen Lea im Schlepptau vor ihnen auf.

«Herr Breitenbacher.»

Niklas stutzte. «Ist er Deutscher?»

«Yes, he is.»

«Wohnt der schon lange hier?»

Julie schaute ihn verblüfft an. «I don't know ... He might have been here for a week.»

«He says that he's a biologist», sagte Johnny, «but we don't believe him.»

«Was glaubt ihr ihm nicht?», fragte Niklas.

«Dass er Biologe ist», übersetzte Julie. «Er behauptet, dass er das Leben der Pinguine in Simonstown erforschen würde, aber ... er hat gar keine Ausrüstung.»

«Pinguine in Südafrika?», rief Lea und fing an zu kichern. «So was Verrücktes!»

«No, we do have penguins», sagte Johnny. «There are hundreds of them down in Simonstown.»

«Und wie kommt das? Hier ist es doch viel zu warm!»

«An Land schon – but not in the water.»

Jetzt verstanden Niklas und Lea gar nichts mehr.

«There is an icy cold current in the Atlantic Ocean.»

«Moment mal», rief Niklas. «Was ist das, was eiskalt ist?»

«Eine ... Strömung», erklärte Julie. «It comes from the Antarctic and is full of fish for the penguins to feed on.»

«Von der Antarktis?»

«Ja. Deshalb ist der Atlantische Ozean so kalt.»

«Oh!», staunte Lea.

«Perhaps we'll go to Simonstown one day», schlug Johnny vor. «The penguins are very funny.»

«And quite tame», fügte Julie hinzu.

«Was heißt das?», fragte Lea.

«I don't know ... they are not afraid of people.»

«Vielleicht zahm?», meinte Niklas.

«Ja, genau!»

Während Lea, Julie und Johnny sich weiter über Pinguine unterhielten, überlegte Niklas, ob Herr Breitenbacher etwa vorhatte, Pinguine nach Deutschland zu transportieren. Aber wie sollte das funktionieren?

«Let's ask Herrn Breitenbacher some more about it», meinte Julie. «That would be a real test.»

«Yes», rief Johnny. «We can do it now. I'm sure he's in his room, sitting at his laptop.»

«Nein, lieber nicht», sagte Niklas und senkte die Stimme. «Ich muss euch was erzählen.»

«Was?», fragte Lea.

«Nun warte doch!»

Er sah sich im Garten um. «Können wir irgendwo hingehen, wo uns niemand hört?»

«Yes, into the shed at the end of the garden», antwortete Julie und zeigte auf einen kleinen Schuppen.

Auf dem Weg dorthin sprang Lea vor Aufregung auf und ab. «Niklas weiß was! Niklas weiß was!»

«Hör sofort auf!», fauchte Niklas sie an. «Sonst sag ich euch gar nichts.»

Die Schuppentür knarrte, als Johnny sie aufzog. Viel Platz war hier nicht zwischen dem Rasenmäher, der Schubkarre und all den anderen Gartengeräten. Aber sie schafften es trotzdem, sich hineinzuzwängen.

«Now tell us», sagte Julie gespannt.

Da fing Niklas an zu erzählen. Dass er einer Unterhaltung gelauscht hatte, bei der es offenbar um einen verbotenen Tiertransport gegangen war. Und er zeigte ihnen auch seine Fotos aus dem Supermarkt. Der Mann mit der blauen Baseballkappe war eindeutig Herr Breitenbacher. Leas Augen wurden immer größer, und auch Johnny und Julie starrten ihn fassungslos an.

Doch Niklas war plötzlich unsicher. «Das ist noch kein Beweis dafür, dass er derjenige war, der sich mit der Frau über den Tiertransport unterhalten hat.»

«No, you would have to hear his voice», meinte Johnny.

«There he is», flüsterte Julie und zeigte aus dem kleinen Schuppenfenster in den Garten.

Dort stand Herr Breitenbacher am Pool und unterhielt sich mit Mrs. Saunders.

Vorsichtig öffnete Julie das Fenster. Niklas konnte genau verstehen, was Mrs. Saunders sagte. Es ging um das Klima in Kapstadt, das so viel angenehmer sei als das in Stuttgart. Hoffentlich würde Herr Breitenbacher bald auch mal was sagen.

«Ja, Sie haben es gut! Kapstadt ist ein wahres Paradies. Ich wünschte, ich könnte in Südafrika leben.»

Niklas' Herz klopfte. Das war seine Stimme!

«What do you think?», flüsterte Julie.

«Das ist er!»

«We have to keep an eye on him», sagte Johnny und machte das Fenster wieder zu.

«Was?», fragte Lea.

«Wir ... müssen ihn beobachten.»

«Und wie sollen wir das machen?», wollte Niklas wissen.

«When he's not sitting at his laptop, he drives around in his car», sagte Johnny.

«Aber wir können ja schlecht mit dem Mountainbike hinter ihm herfahren.»

«Ich weiß was!», rief Lea. «Wir fragen Philipp! Der hat einen Führerschein. Und Mama hat neulich zu ihm gesagt, dass er ihren Wagen ausleihen darf, wenn sie ihn nicht braucht.»

«Und du meinst –»

«Wir erzählen ihm natürlich nichts von unserem Verdacht.»

«Sondern?», fragte Niklas.

«Erfinden irgendwas, warum wir mit ihm durch die Gegend fahren wollen.»

«That sounds great!», riefen Johnny und Julie.

«Ja», sagte Niklas. «Aber wir müssen uns gegenseitig versprechen, dass niemand was davon erfährt!»

«Versprochen!», rief Lea.

Und dann legten sie alle vier ihre Hände aufeinander.

In diesem Augenblick sah Niklas durchs Fenster, wie Herr Breitenbacher zum Schuppen hinüberblickte und die Stirn runzelte.

«Pssst!!!», flüsterte er erschrocken. «Breitenbacher guckt schon. Hoffentlich hat er uns nicht gehört.»

Lea platzte fast, als sie nach Hause kamen. Wie sollte sie es schaffen, Mama und Papa und Helen und Philipp nichts zu verraten?

«Did you have a nice swim?», fragte Helen und nahm ihnen die nassen Badesachen ab.

«Yes», antwortete Lea und holte tief Luft.

Niklas warf ihr sofort einen strengen Blick zu. Nein, sie würde nichts sagen, gar nichts.

Um sich abzulenken, lief sie in die Küche, wo es köstlich duftete.

«What's that?», fragte sie und schnupperte.

Helens Augen funkelten. «That's my melktart. Would you like a piece?»

«Yes, please.»

«Me too», murmelte Niklas.

Helen zog ein Backblech aus dem Ofen und stellte es auf dem Herd ab.

«Sieht aus wie ... Blätterteig mit Pudding», meinte Niklas.

«‹Melk› is Afrikaans and means milk», erklärte Helen.

«Ah ... eine Milchtorte!», rief Lea.

«Can you speak Afrikaans?», fragte Niklas, während Helen ihnen zwei Stück Kuchen abschnitt.

Sie nickte. «It's my mother tongue.»

‹Tongue?›

Helen zeigte auf ihre Zunge.

«Ihre Mutterzunge», rief Lea und fing an zu kichern.

«Muttersprache heißt das», sagte Niklas.

Der Kuchen schmeckte so lecker, dass sie gleich noch ein zweites Stück aßen.

«Do you have any homework to do?», fragte Helen, als sie fertig waren.

«Yes!», rief Lea. «Aber das dauert nur zehn Minuten.»

«Bei dir vielleicht», sagte Niklas und trollte sich in sein Zimmer.

Er fing an mit Mathe, dann machte er Englisch. Hier sollte er zehn Verben in einen Text einsetzen, aber er kannte nur fünf davon. Bei den anderen musste er raten.

Irgendwann hörte er Mamas Wagen die Einfahrt heraufkommen.

Er lief zum Fenster und sah, wie Philipp aus seinem Gartenhaus kam und auf Mama zuging, die ihn erschrocken anschaute. Philipp redete auf sie ein und deutete mit dem Kopf kurz nach oben, zu seinem Fenster. Niklas duckte sich schnell, weil er nicht wollte, dass die beiden ihn bemerkten. Er hatte sich fast gedacht, dass sie über ihn redeten. Dabei wäre es ihm viel lieber gewesen, wenn Philipp mit Papa oder mit beiden gesprochen hätte. Mama würde wieder nur mit ihm schimpfen.

«Niklas?»

Da war sie schon. Jetzt sah sie eher traurig aus.

«Es tut mir leid, dass ich heute Morgen so unfreundlich zu dir war.»

Sie nahm ihn in die Arme und drückte ihn. Und plötzlich musste Niklas weinen.

«Papa hat mich vorhin angerufen und gesagt, dass du in der Nacht einen Albtraum hattest.»

«Hm ...»

«Und Philipp hat mir erzählt, wie unglücklich du bist, weil du mit Lea zusammen Unterricht hast.»

«Ja ... sie kapiert alles viel schneller als ich.»

«Ich hab ihm vorgeschlagen, dass er euch eine Zeit lang getrennt unterrichtet. Und er war sofort damit einverstanden.»

«Okay.»

«Das wird dir bestimmt gefallen.»

«Wie kommt das denn, dass Lea so gut ist und ich nicht?»

«Ich weiß es auch nicht. Sie ist ein echter Überflieger. So was gibt's ganz selten. Papa und ich waren das auf jeden Fall nie.»

Eine Weile schwiegen sie beide. Dann fing Mama wieder an zu reden, und es klang, als ob sie mehr mit sich selbst als mit ihm sprach. «Ich hätte deine Leistungen nicht ständig mit Leas vergleichen dürfen. Das war nicht fair.»

«Nee.»

«Aber Eltern machen eben auch Fehler.»

Er nickte und wischte sich seine Tränen ab.

«Gibt's sonst noch was, was dich bedrückt? Du warst gestern Abend so still.»

Fast hätte Niklas ihr von Herrn Breitenbacher erzählt, aber er durfte das Versprechen nicht brechen, das Julie, Johnny, Lea und er sich gegeben hatten. So schüttelte er nur den Kopf, ohne sie dabei anzusehen.

Sie gab ihm einen Kuss auf die Stirn und stand auf. «Am Sonntag werden Papa und ich freihaben. Dann wollen wir zusammen einen Ausflug machen.»

«Wohin?»

«Vielleicht zum Kap der Guten Hoffnung.»

An der Tür drehte sie sich nochmal um. «Alles wieder in Ordnung?»

«Ja.»

Mama hatte sich noch nie bei ihm entschuldigt, dachte Niklas, als er wieder an seine Englischaufgabe ging. Es tat ihm gut, das merkte er.

# Ist er das?

Lea wunderte sich zwar etwas, als Mama und Papa ihr abends erklärten, dass Niklas und sie von jetzt an getrennt unterrichtet würden, aber sie machte keine große Sache daraus. Das rechnete Niklas ihr hoch an.

Am nächsten Morgen probierten sie es gleich aus: Lea saß im Wohnzimmer und er im Esszimmer. Philipp ging alle zwanzig Minuten zwischen den Räumen hin und her, prüfte, wie sie ihre Aufgaben gelöst hatten, und gab ihnen neue.

Einmal blieb er etwas länger bei Niklas, und Lea konnte kurz nachsehen, ob Johnny ihr wieder eine SMS geschickt hatte. Leider nicht, stellte sie enttäuscht fest.

Bevor er morgens zur Schule gegangen war, hatte er ihr geschrieben, dass er durchs Schlüsselloch gesehen hätte, wie Herr Breitenbacher in seinem Zimmer am Laptop saß. Hoffentlich würde er bis nachmittags dort bleiben und nicht vorher wegfahren.

Noch hatten sie Philipp nicht gefragt, ob er nachher

eine kleine Tour mit ihnen machen würde. Alles hing davon ab, wann Mama mit ihrem Wagen wiederkommen würde.

In der Mittagspause rief sie an, um zu sagen, sie sei gegen drei zurück. Dann würde es wahrscheinlich halb vier, aber das würde auch noch reichen.

«So ein Mist!», rief Niklas. Er stand in der Küche am Fenster und blickte auf die Straße. «Da fährt der weiße Opel Astra.»

«What's the matter?», fragte Helen.

Er drehte sich zu ihr um. «Oh ... nothing.»

Doch er sah, dass sie ihm nicht glaubte.

Als Mama um zwanzig vor vier zurückkam, schickte Lea schnell eine SMS an Johnny: *Breitenbacher back?*

Eine Minute später kam seine Antwort: *No!!!*

«Ich finde, wir fragen Philipp trotzdem, ob er mit uns ein bisschen durch die Gegend fährt», meinte Lea. «Vielleicht entdecken wir ja irgendwo den weißen Opel Astra von Herrn Breitenbacher.»

«Okay», sagte Niklas. «Willst du ihn fragen?»

«Nein, mach du mal. Ich verrate sonst noch was.»

Auf dem Weg zum Gartenhaus überlegte Niklas, wie er es anstellen sollte, Philipp zu fragen, ohne dass er etwas von ihrem Plan merkte.

Er klopfte an die Tür, und als niemand ihn hereinrief, klopfte er noch einmal. Keine Antwort. War Philipp überhaupt zu Hause?

«Hallo, Niklas!»

Er drehte sich um und traute seinen Augen nicht. Vor ihm stand Philipp in einem Surfanzug und mit einem Surfbrett unterm Arm.

«Hallo, Philipp.»

«Ich war gerade unten am Strand surfen.»

«Wusste ich gar nicht, dass du das kannst.»

«Surfen ist meine große Leidenschaft. Ich bin nur bisher nicht dazu gekommen.»

«Das würde ich auch gern lernen.»

«Dann schieben wir mal 'ne Stunde Surfunterricht ein.»

«Super!» Niklas zögerte. «Äh ... Lea und ich und Julie und Johnny, wir wollten dich fragen, ob du Lust hast, mit uns eine kleine Fahrt zu machen.»

«Oh ... Du meinst, mit dem Auto deiner Mutter?» Er nickte.

«Warum eigentlich nicht? Sie hat es mir schon ein paarmal angeboten. Ist sie denn wieder da?»

«Ja.»

«Und wo wollt ihr hin?»

Darüber hatte Niklas bisher noch nicht nachgedacht. Aber plötzlich hatte er eine Idee. «Nach Simonstown. Dort gibt es Pinguine.» Und dort würden sie vielleicht auch Herrn Breitenbacher begegnen.

«Ja, ich habe was über die Pinguine gelesen, aber Simonstown ist ziemlich weit weg.»

Niklas' Herz sank. Wenn es weit weg war, würde Mama es nicht erlauben.

«Ich zieh mich schnell um, und dann fragen wir deine Mutter», schlug Philipp vor.

Mama saß auf der Terrasse an ihrem Laptop und arbeitete an einer Reportage. Als Philipp ihr von dem Plan erzählte, nach Simonstown zur Pinguinkolonie zu fahren, schüttelte sie sofort den Kopf.

«Das ist nichts für eine kleine Spritztour. Allein für eine Strecke braucht man bestimmt eine Stunde. Warum fahrt ihr nicht nach Hout Bay? Dort soll's im Hafen Seehunde geben.»

«Okay.»

Philipp zog los, um seinen Führerschein zu suchen, und Niklas und Lea sagten Julie und Johnny Bescheid.

«That's great!», rief Johnny.

«You never know», sagte Julie. «Perhaps we'll even see Breitenbacher's car.»

Eine Viertelstunde später saßen sie in Mamas Auto. Lea liebte die Fahrt an der Küste entlang. Heute hatte das Meer kleine Schaumkronen, und es gab richtige Wellen. An manchen Stellen spritzte das Wasser bis auf die Straße. Links ragten rote Felsen auf, und wenn Lea sich klein machte und von unten aus dem Autofenster schaute, sah sie gerade noch die Gipfel der steilen, dunklen Berge.

Als sie in Hout Bay ankamen, verpassten sie die Abzweigung zum Hafen, und plötzlich fuhren sie an lauter kaputten Schuppen aus Wellblech und Plastik vorbei. Überall waren Menschen in abgerissener Kleidung unterwegs, manche hatten Wasserkanister auf dem Kopf, sogar die Kinder trugen solche Kanister. Und zwischen all den Menschen und dem vielen Müll liefen Hunde herum, dünne, graue Hunde.

«Was ist das denn?», rief Lea erschrocken.

«Eine Township», antwortete Philipp. «Hier leben schwarze und farbige Südafrikaner, die nicht genug Geld haben, um in richtigen Häusern zu wohnen.»

«Wohnen Helen und ihr Baby auch in so einem Schuppen?»

«Wahrscheinlich ja.»

«It's really bad», murmelte Julie.

«Mom says that they will soon get proper houses», sagte Johnny.

«Hoffentlich», meinte Niklas. «Das ist ja ein richtiger Slum.»

«Und wieso sind die Menschen so arm?», fragte Lea.

«Südafrika war viele Jahre lang ein Land, in dem keine Gerechtigkeit herrschte», erklärte Philipp, nachdem er gedreht hatte und in Richtung Hafen fuhr. «Die Menschen mit dunkler Hautfarbe wurden von den Weißen unterdrückt und ausgebeutet.»

«Und warum?», wollte Niklas wissen.

«Weil sie meinten, dass sie was Besseres seien.»

«So was Gemeines!», rief Lea.

Sie waren alle ziemlich still, als sie am Hafen parkten und Lea und Johnny losliefen, um Eis zu holen.

Auf dem Pier gingen sie an den Fischkuttern entlang und hielten nach Seehunden Ausschau, aber sie konnten keinen einzigen entdecken.

Nur Dutzende von Möwen kreisten um ihre Köpfe, und als Lea ihnen ein kleines Stück von ihrer Eiswaffel hinwarf, landete eine fast auf ihrer Schulter.

«The seals are usually here when the fishing boats come back», sagte Julie, «because they get some leftovers.»

«Was?», rief Lea. «Die Seehunde sind hier, wenn die Fischkutter zurückkommen –»

«– weil sie dann die Fischabfälle kriegen», ergänzte Niklas.

«Sehr gut», sagte Philipp und lächelte. «Du verstehst schon viel mehr.»

Niklas strahlte.

«Do you want to go to the beach?», fragte Johnny.

«Yes!», rief Lea. «I love beaches.»

Der Strand begann gleich hinter dem Hafen. Er war nicht sehr breit, aber sie fanden ein paar schöne Muscheln, die aussahen wie spitze Hüte. Und Niklas entdeckte den grünen Panzer eines Seeigels.

«Ich glaube, wir müssen jetzt zurück», sagte Philipp und blickte auf die Uhr. «Es ist gleich sechs.»

«Schade», murmelte Lea. «Kannst du nicht Mama und Papa anrufen und fragen, ob wir noch bleiben können?»

Philipp schüttelte den Kopf. «Ich habe euern Eltern versprochen, dass wir um halb sieben wieder da sind.»

Während sie zum Auto zurückliefen, dachte Niklas an die kaputten Schuppen und den vielen Müll und die Menschen mit den Wasserkanistern auf dem Kopf. Mama und Papa hatten ihnen erzählt, dass viele Schwarze in Südafrika noch sehr arm seien, aber er hatte nicht gewusst, dass es so schlimm war.

Kurz hinter Hout Bay bog aus einer Seitenstraße ein weißer Opel Astra ein. Niklas hielt die Luft an und gab Johnny einen Knuff in die Seite. «Ist er das?», flüsterte er.

Johnny beugte sich vor und versuchte, das Nummernschild zu erkennen. Dann nickte er.

«Was ist los?», fragte Lea.

«That's the car of one of our guests», antwortete Johnny und zeigte auf den Opel.

Niklas sah, wie Lea stutzte und vor Aufregung die Hand vor den Mund schlug.

«Na, was habt ihr entdeckt?», fragte Philipp.

«Och ... nichts», murmelte Niklas.

Bevor Philipp weiterfragen konnte, fing Julie ein Gespräch über Amerika an. Da wolle sie auch irgendwann mal hin, sagte sie. Und es gelang ihr tatsächlich, Philipp abzulenken.

Der weiße Opel Astra fuhr bis Camps Bay vor ihnen her, dann bog er in dieselbe Straße ab wie sie und hielt bei Julie und Johnny vorm Haus. Es war also wirklich Herr Breitenbacher!

Niklas sah durch die Rückscheibe, dass er aus seinem Auto stieg und ihnen nachschaute. Er musste bemerkt haben, dass sie die ganze Zeit hinter ihm hergefahren waren.

«Kommt ihr nochmal mit in unseren Garten?», fragte er, als Philipp geparkt hatte.

Johnny und Julie nickten und folgten ihnen in die hinterste Ecke des Gartens.

«Wir müssen aufpassen», flüsterte Niklas. «Breitenbacher ist misstrauisch geworden.»

Julie nickte. «I had hoped he wouldn't notice who was in the car behind him.»

«Habt ihr 'ne Ahnung, wo er war?», fragte Lea.

«No», antwortete Johnny.

«He certainly didn't come from the penguins in Simonstown», sagte Julie.

Niklas überlegte. «Würden wir's schaffen, mit den Mountainbikes zu der Stelle zu fahren, wo er rausgekommen ist?»

«Well, that must be at least twelve or fifteen kilometres. And part of the road is quite hilly ...»

«Heißt das hügelig?»

Julie nickte.

«Sollen wir's trotzdem versuchen?»

«Yes, let's try it.»

«Wann?»

«Tomorrow I'll finish school early. So we could leave from here at two o'clock.»

«Okay ... also morgen um zwei.»

# Are you sure?

Niklas und Lea hatten sich alles ganz genau überlegt: Nach dem Mittagessen würden sie Helen und Philipp erzählen, dass sie nachmittags bei Johnny und Julie spielen wollten. Niklas würde sein Leihrad mitnehmen, und wenn sie ihn fragen sollten, was er damit vorhätte, würde er sagen, Julie wolle ihm heute ihre Lieblingsstrecke zeigen.

«Niemand wird rauskriegen, dass ihr nach Hout Bay geradelt seid», sagte Lea zuversichtlich.

«Hauptsache, du verplapperst dich nicht», murmelte Niklas, dem plötzlich doch etwas mulmig war. Er wusste, dass Mama und Papa sehr sauer sein würden, wenn sie herausfänden, dass er nicht in Camps Bay geblieben war. Ein gebrochenes Versprechen war schlimmer als eine Sechs in Mathe.

Außerdem war er sich nicht so sicher, ob er mit diesem Rad die Hügel schaffen würde.

Sie hatten Glück: Helen und Philipp stellten ihnen keine einzige Frage, und Mama und Papa waren sowieso nicht da.

Der weiße Opel Astra stand vorm Haus, als sie um kurz vor zwei zu Johnny und Julie kamen.

«Breitenbacher came back ten minutes ago», flüsterte Johnny.

«Hoffentlich bleibt er heute Nachmittag hier», flüsterte Niklas zurück. «Ich würde ihm nicht so gern in Hout Bay begegnen.»

«Neither would I», sagte Julie.

«Wenn ihr ihn seht, müsst ihr euch sofort verstecken», sagte Lea.

«Nicht so laut!», flüsterte Niklas.

«I've got some water, a couple of sandwiches and some muesli-bars», sagte Julie und zeigte auf ihren Rucksack.

«Oh, und ich hab noch nicht mal Wasser dabei», rief Niklas erschrocken.

«Don't worry. I'll have enough for both of us.»

«Mein Rad ist leider auch nicht so toll. Es hat nur drei Gänge.»

«We'll take it in turns», verkündete Julie.

«Was heißt das?»

«Wir wechseln uns ab. You can start with mine.»

«Echt?»

Sie nickte.

«Danke.»

Niklas nahm Julies Mountainbike, während sie auf sein Leihrad stieg.

«Good luck!», sagte Johnny.

«Und schickt uns zwischendurch mal 'ne SMS», rief Lea. «Damit wir wissen, wie's bei euch aussieht.»

«Wird gemacht», antwortete Niklas.

«I'll go first, okay?», fragte Julie.

Er nickte.

«And if there's a problem, just shout. The main thing is that you mustn't forget to keep left!»

«Links fahren ... ich weiß.»

«Off we go.»

Julie war eine geübte Radlerin, das sah er sofort. Und mit seinem Rad schien sie kaum Probleme zu haben. Er musste sich anstrengen, wenn er nicht abgehängt werden wollte.

In wenigen Minuten hatten sie die Küstenstraße erreicht. Sie war breiter, als Niklas sie in Erinnerung hatte, und es gab sogar einen Seitenstreifen. Hier konnte man gut radeln, und um diese Zeit war auch nicht viel Verkehr.

«Was hast du deinen Eltern gesagt?», fragte Niklas, als sie nach ein paar Kilometern die Räder wechselten.

«My father is working all day and my mother has gone to do the shopping. I told our housekeeper that I was meeting a friend.»

«Housekeeper? Was ist das?»

«Eine Haushälterin.»

«Okay.»

Und weiter ging's. Niklas merkte sofort, dass er mit seinem Rad lange nicht so gut vorankam. Außerdem wurde es allmählich immer steiler, und die Sonne brannte in seinem Nacken.

«Do you want to push the bike?», rief Julie ihm über die Schulter zu.

«Was?»

«Willst du ... schieben?»

«No!», rief Niklas zurück. Ihm lief schon der Schweiß von der Stirn, aber was Julie schaffte, das schaffte er auch.

Als sie an eine Biegung mit einem Picknickplatz kamen, hielt Julie an. «I think we need a break.»

«Yes», keuchte Niklas und ließ sich auf die Holzbank sinken. «Gestern kam mir die Strecke so kurz vor.»

«I know. It's really quite far.»

Sie tranken Julies Wasser und aßen jeder eine Müslischnitte.

Als es weiterging, durfte er wieder Julies Mountainbike nehmen. Und jetzt sah er, dass sie auf den Steigungen mit seinem Rad genauso zu kämpfen hatte wie er vorher.

Doch dann fuhren sie plötzlich bergab. Eine Riesenabfahrt, zum Glück fast ohne Kurven. Hier musste Niklas aufpassen, dass er nicht zu schnell wurde. Aber der Fahrtwind kühlte ihn schön ab.

«We'll soon get to the turn-off», rief Julie ihm irgendwann zu.

«Turn-off» hieß wahrscheinlich Abzweigung, dachte Niklas.

Und dann sah er auch schon, wie sie den linken Arm ausstreckte. Er bremste und hätte es trotzdem beinahe nicht geschafft, rechtzeitig zum Stehen zu kommen.

«Hey, look at that!» Julie zeigte auf ein Schild, das am Straßenrand angebracht war: *Cheetah Centre, 2 km*. Daneben deutete ein Pfeil nach links.

«Was ist das?»

«Eine ... Aufzuchtstation für Cheetahs. Die ist seit ein paar Jahren hier. I completely forgot about it.»

«Und was sind Cheetahs?»

«A cheetah is a big cat with yellow fur and black spots.»

«Ein Leopard?»

«No, it's not a leopard. Cheetahs sind kleiner und viel dünner. They have very long legs and quite a small head.»

Niklas zuckte mit den Achseln. Diese Tiere kannte er nicht.

«I think they are the fastest land mammals.»

«Und was ist ein ‹mammal›?»

«Ein ... Säugetier.»

«Das schnellste Säugetier an Land? Ah ... jetzt weiß ich's: ein Gepard!»

«That's it!»

«Aber das sind doch wilde Tiere. Kann man die denn züchten?»

«I don't know.»

«Glaubst du, Breitenbacher will Geparde irgendwohin transportieren?»

«I'm sure it would be very difficult.»

«Das hat die Frau, mit der er im Supermarkt gesprochen hat, auch gesagt: ‹Es ist ein sehr schwieriger Transport.›»

«Let's have a look.»

«Okay.»

Die letzten beiden Kilometer schafften sie in null Komma nichts. Sie bogen noch um eine Kurve, und da sahen sie schon das *Cheetah Centre* vor sich. Es bestand aus mehreren reetgedeckten Gebäuden und einigen Gehegen mit hohen Zäunen. Vorne links entdeckte Niklas auch einen größeren Käfig.

Auf dem Parkplatz standen viele Autos, aber ein weißer Opel Astra war nicht darunter, stellte Niklas erleichtert fest.

«I think we should go in», schlug Julie vor.

Sie ketteten ihre Räder am Zaun an und gingen zur Eintrittskasse. Niklas war froh, dass er daran gedacht hatte, Geld mitzunehmen.

Der Mann an der Kasse erklärte ihnen etwas, was er nicht verstand, doch Julie fing gleich an, für ihn zu übersetzen: Sie dürften nicht allein durch die Aufzuchtstation laufen, sondern müssten warten, bis andere Besucher kämen. Dann würde eine Tierpflegerin die Gruppe durch das Gelände führen.

«Ich schicke Lea eine SMS. Vielleicht können Johnny und sie im Internet irgendwas über die Zucht von Geparden herausfinden.»

«Yes, that's a great idea. And it gives them something to do. Johnny was quite disappointed that he couldn't come with us.»

«Sag das Letzte nochmal auf Deutsch.»

«Johnny war ziemlich ... enttäuscht, dass er nicht mitkommen konnte.»

«Ja, Lea auch.»

Niklas musste nicht lange auf eine Antwort warten. *Wir legen sofort los!*, schrieb Lea. *Wann kommt ihr zurück? Mama war eben hier!*

«Ach, so ein Mist!»

«What's the matter?»

«Meine Mutter war eben bei euch zu Hause!»

«Oh, no! Did they tell her where we are?»

«Hoffentlich nicht.»

«Do you want to go back?»

«Nein ...» Er stellte sein Handy aus. «Jetzt wollen wir die Geparde sehen.»

Inzwischen warteten mindestens zehn Leute auf eine Führung. Ein paar Deutsche waren auch darunter.

«I think it's going to start», murmelte Julie und zeigte auf zwei Frauen in khakifarbenen Hosen und Blusen, die auf sie zukamen.

Die ältere von beiden war eine Farbige. Niklas fand, dass sie Helen etwas ähnlich sah. Jetzt fing sie an zu reden, aber leider verstand er kein Wort von dem, was sie sagte.

«Her assistant Kirsten is going to translate ... für die deutschen Touristen», flüsterte Julie ihm zu.

«Da hab ich ja Glück.»

Sie gingen hinter den Frauen her auf ein Gehege zu, in dem vorne rechts in der Ecke ein großer Gepard saß und sich putzte.

Niklas spürte, wie sein Herz klopfte, als das Tier den Kopf drehte und ihn mit seinen orangegelben Augen direkt anschaute. Zwei schwarze Linien liefen von den Augen zu den Mundwinkeln und sahen aus wie Tränenstreifen. Er war wunderschön, dieser Gepard, mit seinem gepunkteten Fell und dem langen Schwanz.

Die Tierpflegerin steckte ihre Hand durch den Zaun und kraulte ihn an der Kehle. Sofort fing er laut an zu schnurren. «This is Victor», sagte sie. «He's ten years old and won't return to the wild any more.»

Kirsten räusperte sich und übersetzte, dass Victor zehn Jahre alt sei und nicht mehr in die Wildnis zurückkehren würde.

Niklas stutzte. Irgendwas an dieser Stimme kam ihm bekannt vor.

«What's the matter?», fragte Julie.

«Erzähl ich dir gleich.»

Eine Deutsche, die im *Cheetah Centre* als Assistentin arbeitete ... War es möglich, dass Kirsten die Frau aus dem Supermarkt war, mit der sich Breitenbacher unterhalten hatte? Er schloss die Augen und lauschte. Ja, das war ihre Stimme!

Trotz der Hitze lief ihm ein kalter Schauer über den Rücken. Wollten die beiden etwa gemeinsame Sache machen und Geparde nach Deutschland schmuggeln? Würde Kirsten ihm die Käfige aufschließen und dafür hinterher einen Teil des Geldes bekommen?

«Niklas?»

Die Gruppe war schon weitergegangen, und Julie winkte ihm, ihr zu folgen.

Als Nächstes kamen sie zu einem Gehege mit drei jungen Geparden, die knapp ein Jahr alt waren. Sie bekamen gerade ihr Futter. Niklas erschrak, als er sah, wie sie sich auf das rohe Fleisch stürzten und einzelne Brocken herausrissen.

«Cheetahs do not pose a threat to human life», verkündete die Tierpflegerin.

«Geparde stellen keine Bedrohung für den Menschen dar», übersetzte Kirsten.

«I'm not so sure», flüsterte Julie.

«Ich auch nicht», flüsterte Niklas zurück. «Guck dir diese Kirsten mal genau an.»

«Tell me, what is it?»

«Später.»

«And now we will show you our newest arrivals!», rief die Tierpflegerin und führte sie zu einem Gehege, in dem eine Gepardin mit ihren fünf Jungen spielte.

«Die sind ja süß!», rief Niklas und zückte seine Kamera.

«Yes, they're gorgeous», sagte Julie. «And not bigger than our Blacky.»

Auch die anderen Besucher zeigten begeistert auf diese kleinen Geparde mit ihren silbrigen Haaren auf dem Rücken und zwischen den Ohren. Sie kletterten übereinanderher und schienen viel Spaß dabei zu haben. Ab und zu fuhr die Mutter mit ihrer rosa Zunge über ihre Köpfe.

«They are eight weeks old. Normally cheetahs only give birth to two or three young, but Siera surprised us with five healthy cubs.»

Fünf gesunde Junge waren ungewöhnlich; so viel hatte Niklas verstanden.

Ein Mann wollte wissen, warum die Jungen diese silbrigen Haare hätten, die bei den ausgewachsenen Geparden fehlen würden. Das hatte Niklas sich auch schon gefragt, und diesmal musste er auf die Übersetzung warten.

«Die Haare dienen der Tarnung; sie haben sie nur in den ersten drei Monaten ihres Lebens. So sind sie im hohen Gras der Savanne besser geschützt vor ihren Hauptfeinden: den Löwen, Leoparden und Hyänen. Junge Geparde sind leider sehr gefährdet. 95 Prozent sterben vor dem Ende ihres ersten Lebensjahres.»

«Oh, nein!», riefen ein paar aus der Gruppe.

Auch Niklas fand die Vorstellung furchtbar, dass in der Wildnis nur so wenige junge Geparde überlebten.

Zehn Minuten später war die Führung beendet, und sie gingen zu ihren Rädern zurück.

«Now, tell me!», sagte Julie ungeduldig.

«Kirsten ist die Frau aus dem Supermarkt, mit der Breitenbacher sich unterhalten hat! Ich habe sie an ihrer Stimme erkannt.»

Julie starrte ihn entgeistert an. «Are you sure?»

«Absolut sicher!!!»

«Do you think they want to steal the cubs and smuggle them to Germany?»

«Ja, vielleicht ist das der schwierige Transport, von dem sie gesprochen hat.»

«But how can we prove it?», fragte Julie.

«Prove ... Was heißt das?»

«Beweisen.»

«Keine Ahnung!», antwortete Niklas. «Aber wir dürfen nicht warten, bis es zu spät ist.»

In dem Augenblick klingelte Julies Handy.

«Hello? ... Oh, hi, Mrs. Thiessen.» Sie verzog das Gesicht, und Niklas wusste sofort Bescheid.

«We've gone for a little bike ride ... Yes, everything is fine. I'll hand him over to you.»

Muss das sein?, dachte Niklas, als Julie ihm ihr Handy reichte.

«Wo bist du???», schrie Mama.

«Julie und ich haben eine kleine Radtour gemacht ... Wir kommen jetzt nach Hause.»

«Wo du bist, will ich wissen!!!» Ihre Stimme überschlug sich fast.

«Äh, nicht so weit von Hout Bay entfernt.»

«Niklas, das darf nicht wahr sein!!! Du hast Papa und mir fest versprochen, Camps Bay nicht zu verlassen! Und dann hast du auch noch dein Handy ausgestellt!»

«Tut mir leid. Wir wollten nur mal die Räder etwas testen. Und es lief so gut ...»

«Kapstadt ist nicht Hamburg! In Südafrika gelten andere Regeln, und es gibt Gefahren, die du überhaupt nicht einschätzen kannst!»

«Aber auf der Straße war nicht viel Verkehr ... viel weniger als in Hamburg!»

«Ihr rührt euch nicht vom Fleck!!! Ich fahre sofort los und hole euch ab!»

«Und was machen wir mit den Rädern?»

Doch da hatte sie schon aufgelegt.

«So was Blödes! Warum musste sie ausgerechnet heute so früh nach Hause kommen!»

«Is she going to pick us up?»

«Ja, dabei hat sie gar keinen Fahrradgepäckträger.»

«Let's cycle to the main street. Your mother mustn't know that we were in the *Cheetah centre*.»

«Stimmt. Wenn sie das rauskriegt, können wir gleich einpacken.»

In dem Moment sah er, wie Julie entsetzt die Augen aufriss.

«Was ist los?», fragte er.

«Duck behind the van!», zischte sie ihm zu.

Sie versteckten sich hinter einem kleinen Lieferwagen und beobachteten, wie Breitenbacher aus seinem weißen Opel Astra stieg.

«Ob er uns gesehen hat?», flüsterte Niklas.

«He might have done, unless the sun was blinding him.»

Sie warteten, bis er im *Cheetah Centre* verschwunden war, dann radelten sie, so schnell sie konnten, zur Hauptstraße zurück.

Als sie kurz darauf mit dem ersten steilen Hügel kämpften, sahen sie einen grünen Range Rover auf sich zukommen.

«That's my father!», rief Julie erschrocken.

Mit quietschenden Reifen kam der Wagen zum Stehen. Sofort sprangen die Türen auf, und Mama und Mr. Saunders kamen ihnen entgegengelaufen.

«Niklas, wenn du wüsstest, welche Ängste ich ausgestanden habe», rief Mama und schloss ihn in die Arme.

«We'll talk later!», sagte Mr. Saunders zu Julie und griff nach ihrem Rad.

Egal, was jetzt passiert, dachte Niklas, als er in den Range Rover stieg. Wir haben was rausgefunden, womit niemand gerechnet hat. Am wenigsten Herr Breitenbacher!

# SO EIN TIER KOMMT DOCH NIEMALS DURCH DEN ZOLL!

Als Papa nach Hause kam, brüllte er Niklas an, ob er eigentlich noch recht bei Verstand sei. Einfach mit Julie nach Hout Bay zu radeln, um die Räder zu testen! Sie hätten doch neulich nachts gerade über ihre Verabredung gesprochen, dass er Camps Bay nicht verlassen dürfe.

Lea hörte, wie Niklas anfing zu weinen, und versprach, es nicht wieder zu tun.

«Du wirst eine Woche lang nirgendwo hingehen, nicht mal zu Johnny und Julie!»

«Nein!», schluchzte Niklas. «Bitte nicht ... Dann gib mir lieber kein Taschengeld!»

«Oh!», rief Papa erstaunt. «Darauf würdest du doch sonst nie verzichten!»

«Ich weiß. Nur wenn ich nicht zu Julie und Johnny rüberkönnte ... das wäre richtig schlimm!»

«Okay. Zwei Wochen lang kein Taschengeld. Aber ich warne dich: Wenn du so was nochmal machst, gibt es Hausarrest, und ich bringe das Rad zurück.»

«Ist gut.»

Da ist er gerade nochmal davongekommen, dachte Lea.

Kurz darauf fiel die Tür von Niklas' Zimmer ins Schloss. Sie klopfte bei ihm an, und als sie keine Antwort bekam, drückte sie vorsichtig die Klinke herunter.

«Ich will nicht mit dir reden! Geh weg!», rief Niklas. Er lag auf seinem Bett und hatte sich die Decke über den Kopf gezogen.

Aber Lea ließ sich nicht so schnell verscheuchen. Sie machte die Tür hinter sich zu und setzte sich auf den Boden. «Wir haben euch nicht verraten.»

«Sondern?»

«Als Mama zu uns rüberkam, hab ich ihr nur erzählt, dass ihr die Räder ausprobieren würdet und bald wieder da wärt. Sie hat gesagt, sie würde eine halbe Stunde warten.»

«Und warum ist sie dann so ausgeflippt?»

«Weil sie dich nicht erreichen konnte. Wieso hast du dein Handy ausgestellt?»

«Wir waren gerade bei den Geparden angekommen. Und da wollte ich nicht, dass sie mich anruft.»

«Du hättest doch so tun können, als ob du ganz woanders bist.»

Niklas rollte sich auf den Rücken und seufzte. «Ist ja auch egal ... Es hat sich auf jeden Fall gelohnt. Wir haben was Spannendes erfahren!»

«Echt? Was denn?»

Da begann Niklas zu erzählen, und Leas Augen wurden immer größer. «Fünf junge Geparde? Glaubst du, sie wollen sie nach Deutschland schmuggeln?»

«Bestimmt.»

«Johnny und ich haben ein bisschen im Internet geforscht. Geparde sterben immer mehr aus, weil die Farmer sie erschießen, um ihr Vieh zu schützen.»

«Oh nein!»

«Deshalb gibt's jetzt solche Aufzuchtstationen. Aber es ist nicht so einfach, Geparde in der Gefangenschaft zu züchten und sie dann in die Wildnis zu entlassen.»

«Warum nicht?»

«Weil ihre Mütter ihnen nicht beibringen können, wie sie ihre Beute erlegen. Dazu brauchen sie viel mehr Platz. Und wenn die Kleinen das nicht lernen, können sie in der Wildnis nicht überleben.»

«Wir brauchen Informationen über Tierschmuggel», sagte Niklas. «Und das so schnell wie möglich.»

Nach dem Abendessen schickte Lea eine SMS an Johnny, um ihn zu fragen, ob sie noch für eine Stunde vorbeikommen könne. Sie müssten unbedingt weiter im Internet forschen.

Fünf Minuten später klingelte ihr Handy.

«Hi, Johnny here. It would be great if you could come over to us.»

«Super!»

«But don't be surprised ... my parents are in a really foul mood.»

«Meine auch.»

«Julie isn't allowed to go out for a week.»

«Oh nein!»

«Anyway, she says it's worth it because of what they found out.»

«Okay ... und wir finden jetzt noch mehr spannende Sachen raus.»

«Exactly.»

«Bis gleich.»

Fast wäre das Ganze daran gescheitert, dass Mama und Papa ihr nicht erlauben wollten, zu Johnny rüberzugehen.

«Es ist Viertel nach sieben», sagte Mama vorwurfsvoll.

«Na und?», rief Lea. «Soll ich etwa jetzt schon ins Bett?»

«Nein, aber warum müsst ihr unbedingt heute Abend im Internet forschen?»

«Versteh ich auch nicht», murmelte Papa.

«Johnny und ich haben ein tolles Projekt, und wir reden auch ganz viel Englisch miteinander. Das wollt ihr doch immer, oder?»

«Na gut», seufzte Mama.

Johnny hatte schon angefangen, im Internet bei

Google *smuggled animals* einzugeben. Es war schlimm, was da alles geschmuggelt wurde: Schildkröten, Schlangen, Papageien. Sie wurden in Koffern und Kisten versteckt, und viele von ihnen wurden krank auf dem Transport oder starben, bevor sie ihr Ziel erreichten. Manche erstickten, andere verhungerten oder verdursteten. Lea wurde fast schlecht, als sie das las.

«Aber wie kriegen die Schmuggler einen Löwen oder einen Gepard nach Deutschland?», rief sie. «So ein Tier kommt doch am Flughafen niemals durch den Zoll. Außerdem kann man es nicht in eine Kiste sperren.»

«We'll find out», antwortete Johnny und gab *black market animals* ein.

«Was ist ein ‹black market›?»

«Ein ... Schwarzmarkt.»

Nach und nach fanden sie heraus, dass Tierschmuggel international ein blühendes Geschäft ist. Lea war entsetzt, als sie las, dass sogar Zoos in Deutschland geschmuggelte Tiere kaufen.

«Look at this!», rief Johnny. «There are rich people who keep a lion in a cage in their garden.»

«Was heißt ‹cage›?»

«Käfig.»

«Was??? Es gibt reiche Leute, die in ihrem Garten einen Löwen im Käfig halten? Das ist doch Tierquälerei!»

«I know. It's really awful. I almost don't want to tell Julie. She will be so shocked! Did you know that she wants to become a vet?»

«Was ist das?»

«... Tierärztin. She loves animals!»

«Ich auch! Und deshalb müssen wir verhindern, dass den Geparden was passiert», sagte Lea. «Wir wissen immer noch nicht, wie die Tierschmuggler an die Tiere kommen. Gib doch mal *Tierschutz* ein. Vielleicht hilft uns das weiter.»

«Okay ... Perhaps *Tierschutz in Afrika.*»

Das war eine Fundgrube! Allmählich fingen sie an zu begreifen, wie mit lebenden wilden Tieren gehandelt wurde. Weltweit war dieser Handel nur mit Zertifikaten der internationalen Tierschutzbehörde CITES erlaubt. Jedes Land durfte eine bestimmte Anzahl von Tieren ausführen, die legal an Zoos oder Zirkusse verkauft wurden.

Aber es gab Länder, in denen die CITES-Vertretungen viel mehr Zertifikate ausstellten. Und das ließen sich die Beamten sehr gut bezahlen.

«That means we have to find the countries –»

«– in denen sie sich nicht an die Gesetze halten.»

«Look at that!», rief Johnny in dem Moment und zeigte auf den Bildschirm. *Uganda wird zum Paradies für Tierschmuggler* stand da.

«Hey, das ist genau das, was wir gesucht haben.»

Lea las, so schnell sie konnte: Man hatte nachgewiesen, dass wilde Tiere von anderen afrikanischen Ländern nach Uganda geschmuggelt wurden. Dort behauptete man, dass sie ugandisch seien, auch wenn es viele davon in Uganda gar nicht gab. Sie bekamen ein Zertifikat und konnten dann legal überall hin exportiert werden.

«Just imagine», sagte Johnny. «Some rich idiot who wants a cheetah for his garden can collect it himself at Hamburg airport!»

«Den Anfang hab ich nicht kapiert.»

«Jeder reiche Idiot, der einen Gepard für seinen Garten haben will –»

«– kann ihn selbst am Hamburger Flughafen abholen!»

«That's so cruel!»

«‹Cruel›?»

«Grausam.»

Lea nickte. «Was schätzt du, wie viel so ein Tier wert ist?»

«I don't know.»

Sie mussten noch ein paarmal googeln, und dann wussten sie auch das: Bis zu 15 000 Euro wurden für einen kleinen Gepard gezahlt.

«Times five: that makes 75 000 Euro!», rief Johnny. «A hell of a lot of money!»

«Ich wette, Breitenbacher hat genau so was vor», murmelte Lea. Und dabei wurde ihr ganz schwindelig.

# WHAT CAN WE DO?

**W**arum mussten sie ausgerechnet jetzt Unterricht haben?, dachte Niklas am nächsten Morgen, während er versuchte, die Englischaufgabe zu lösen, die Philipp ihm gestellt hatte: *Situations and Responses*. Es gab viel wichtigere Dinge zu tun.

*I like apple pie.* Was passte dazu als Antwort? *I'm awfully sorry about it.* Nein. *Yes, please.* Auch nicht. *So do I.* Ja, das könnte richtig sein.

«How is it going?», fragte Philipp und schaute ihm über die Schulter. «Yes, that's correct. You're getting better and better.»

«Ehrlich?»

«Ja! Als ich neulich auf unserer Fahrt gemerkt habe, wie gut du Julie und Johnny verstehen kannst, war ich wirklich überrascht.»

«Mit denen ist es auch einfach, weil sie langsam sprechen, und wenn ich's nicht kapiere, sagen sie's auf Deutsch.»

«Trotzdem ist das schon ein großer Fortschritt.»

Ob Philipp gemerkt hatte, wie aufgeregt sie gewesen waren, als sie den Wagen von Herrn Breitenbacher entdeckt hatten?

«Where did Julie and you cycle yesterday?»

«Was? Äh, sorry ... to Hout Bay.»

«And what did you do there?»

«We ... we looked around ...»

Philipp schaute ihn grinsend an. Er glaubte ihm nicht.

«Did you see the white Opel Astra again?»

Niklas zuckte zusammen. «No.»

«But I saw it.»

«Wo?»

«In English, please.»

«Where ... did you see it?»

«In Camps Bay. It was parked in front of a computer store.»

«Aha!» In Niklas' Kopf begann es zu rasen. Natürlich, der Laptop!

«What's the matter?»

«Nichts, äh, nothing.» Philipp hatte ihn auf eine Superidee gebracht.

Jetzt grinste er wieder. Sollte er denken, was er wollte: Niklas konnte ihm nichts von seinem Verdacht erzählen.

«I'm still so shocked about what you found out!», sagte Julie, als sie sich nachmittags alle vier im Schuppen trafen, um zu überlegen, wie sie Breitenbacher auf die Spur kommen konnten. «Animal smugglers are real bastards! We have to stop Breitenbacher!»

«But what can we do?», fragte Johnny.

«Wir sollten uns seinen Laptop mal vornehmen», antwortete Niklas.

«Aber der steht in seinem Zimmer!», rief Lea.

«My mother has keys to all the guest-rooms», sagte Julie. «But we aren't allowed to go in.»

«Why didn't I think of that before!», rief Johnny plötzlich und schlug sich mit der flachen Hand an die Stirn. «Soon after Breitenbacher arrived we talked about computers.»

«Kannst du das nochmal auf Deutsch sagen?», unterbrach Niklas ihn.

«Kurz nachdem Breitenbacher angekommen ist ... habe ich mich mit ihm ... über Computer unterhalten.»

«Johnny always does that if a guest arrives with a laptop», warf Julie ein.

«Und was hat er gesagt?», rief Lea aufgeregt.

«Not very much. I kept asking the questions. What kind of provider he uses, if it's difficult to check his e-mails when travelling ...

«Was heißt das?», fragte Niklas.

«Ob es schwierig ist ... seine E-Mails abzurufen, wenn er unterwegs ist.»

«Und?»

«No, it isn't! And do you know what? He showed me how he does it.»

«I don't believe it!», rief Julie.

«Er hat dir gezeigt, wie er seine E-Mails abruft?», fragte Lea ungläubig.

«Yes! His provider is AOL. So he just goes onto the AOL-website, clicks on AOL eMail, puts in his address –»

«Hast du die auch gesehen?»

«Yes, it's *fbbacher@aol.com,* because his name is Frank Breitenbacher.»

«Wahnsinn, dass du das behalten hast!», rief Niklas.

«Of course he didn't tell me his password», fuhr Johnny fort. «But I remember seeing seven black dots on the screen. So the password must have seven letters.»

«Ein Passwort mit sieben Buchstaben ...» Niklas runzelte die Stirn. «Wie sollen wir darauf kommen? Es gibt Tausende von Wörtern, die sieben Buchstaben haben.»

«What about *cheetah*?», fragte Julie.

«I don't think it'll be as easy as that», murmelte Johnny.

«Das glaub ich auch nicht», sagte Lea. «Mit dem Wort *Geparde* ist es genau dasselbe. So leicht wird er's uns nicht machen.»

«Wir müssen es ausprobieren», meinte Niklas.

Julie überlegte. «Tomorrow is Saturday and there's no school ...»

«Ja, endlich!», rief Niklas. «Vielleicht fährt Breitenbacher irgendwann morgens weg, und dann können wir uns in sein Zimmer schleichen.»

«We would have to get hold of the key without my mother noticing it.»

«Das schafft ihr schon», sagte Lea zuversichtlich.

Johnny nickte. «The main thing is that Breitenbacher doesn't take his laptop with him.»

«Bestimmt nicht.»

«Ich finde, wir sollten uns bis morgen eine Liste mit Wörtern machen, die sieben Buchstaben haben», schlug Niklas vor.

«Okay», sagte Julie. «German and English ones.»

«Die geben wir dann nacheinander ein. Vielleicht haben wir Glück.»

In dem Moment klopfte jemand an die Schuppentür. Die vier schauten sich erschrocken an.

«What's going on in there?», rief eine weibliche Stimme.

«Our Mom», flüsterte Johnny und holte tief Luft. «I hope she didn't eavesdrop.»

«Was heißt das?», flüsterte Lea.

«Lauschen», murmelte Julie und schloss die Tür auf.

Dort stand Mrs. Saunders und schüttelte verwundert den Kopf. «Was macht ihr denn bei diesem schönen Wetter hier im Schuppen?»

«We had to talk about something», antwortete Johnny.

«Nicht dass ihr wieder plant, die Gäste nass zu spritzen! Wie im letzten Sommer!»

«No!», riefen Johnny und Julie.

«Und warum könnt ihr nicht im Garten miteinander reden?»

«Top secret», antwortete Johnny und schlüpfte an ihr vorbei nach draußen.

Julie versuchte, ihm zu folgen, doch ihre Mutter hielt sie am Arm fest. «Hör mal, macht bloß nicht wieder so einen Blödsinn wie gestern.»

«Stop pulling my arm!»

«Papa ist immer noch stocksauer. Er hatte gerade vor ein paar Tagen zu Leas und Niklas' Vater gesagt, dass ihr beide Camps Bay auch nicht verlassen dürft, weil es zu gefährlich ist. Und dann verleitest du Niklas zu einer solchen Fahrradtour.»

«Nein, hat sie nicht!», rief Niklas. «Das war mein Vorschlag. Ich wollte so gern mal länger auf Julies Rad fahren.»

«Trotzdem ... Sie hätte es besser wissen müssen.»

«Let me go!», rief Julie genervt und schüttelte die Hand ihrer Mutter ab.

«Warum schwimmt ihr nicht ein bisschen? Es ist so heiß!»

«Haven't you noticed that there's someone in the pool?», fragte Julie.

Lea drehte sich um. Tatsächlich, da schwamm Herr Breitenbacher! Hoffentlich ahnte er nichts von dem, was sie im Schuppen beredet hatten.

Sie beschlossen, mit Blacky zu spielen. Und als Herr Breitenbacher endlich aus dem Pool gestiegen war und sich ausgiebig geduscht hatte, schwammen und tauchten sie, bis sie alle erschöpft waren.

«We have to think up something for tomorrow morning», sagte Julie, als sie sich am Beckenrand ausruhten.

«How do you mean?», fragte Johnny.

«Mom is watching us, because she knows we're up to something.»

«Was hast du gesagt?», fragte Niklas.

«Meine Mutter beobachtet uns ... weil sie weiß, dass wir irgendwas planen.»

Johnny ließ seine Blicke schweifen und hielt dann plötzlich inne. «I have an idea.»

«Erzähl!», rief Lea.

«Pssst! Nicht so laut», flüsterte Niklas.

«Mom would freak out if Blacky suddenly disappeared.»

«‹Freak out›? Was ist das?»

«Ausflippen.»

«Und ‹disappear›? Heißt das verschwinden?», fragte Lea.

Johnny nickte.

«We have to hide her somewhere», sagte Julie, und als sie Niklas' und Leas fragende Blicke sah, übersetzte sie auch gleich für sie: «Wir müssen Blacky irgendwo verstecken.»

«Okay», überlegte Niklas. «Und während eure Mutter nach ihr sucht, gehen wir in Breitenbachers Zimmer.»

«We shouldn't all go in», meinte Johnny. «Perhaps only Lea and me. And you two could help Mom to look for Blacky.»

«Okay», antwortete Julie. «That's a pretty good plan.»

«Jetzt brauchen wir nur noch ein geeignetes Versteck», murmelte Lea und schaute zu Blacky hinüber, die auf der Terrasse in der Sonne lag und sich putzte.

«Ist Blacky schon mal weggelaufen?», fragte Niklas. Johnny schüttelte den Kopf.

«Perhaps we can take her over to your house», schlug Julie vor. «Dann können wir später sagen, dass ... sie bei euch war, weil sie sich schon mit euch angefreundet hat.»

«Aber würde sie bei uns bleiben?», fragte Lea.

«If there's something nice to eat for her ...», antwortete Johnny.

«Kein Problem.»

In dem Moment wurde im ersten Stock ein Fenster geöffnet, und Herr Breitenbacher schaute heraus.

«Na, amüsiert ihr euch schön?», rief er ihnen zu.

«Ja», rief Lea zurück.

Und dann prusteten sie alle los vor Lachen. Herr Breitenbacher würde sich nicht mehr lange amüsieren. Dafür würden sie schon sorgen.

«I'm sure he didn't see us in the *Cheetah Centre*», flüsterte Julie Niklas zu. «Otherwise he wouldn't talk like that.»

«Ja», murmelte Niklas. Da hatten sie nochmal Glück gehabt.

# ICH HAB'S!

Lea war schon um fünf Uhr wach. Das passierte ihr sonst nie, aber heute rasten die Gedanken in ihrem Kopf. Ob sie es schaffen würden, Breitenbachers E-Mails zu lesen? Sie war so aufgeregt, wenn sie daran dachte, dass Johnny und sie nachher in sein Zimmer schleichen und seinen Laptop anstellen würden. Aber dafür musste Breitenbacher erst mal wegfahren. Und dann mussten sie jemanden bestimmen, der aufpasste und Johnny und sie warnte, falls er plötzlich wieder zurückkam. Und hoffentlich klappte der Trick mit Blacky. Vielleicht würde sie nur schnell die Leckerbissen auffressen, die Niklas und sie ihr hinstellten, und danach gleich wieder verschwinden.

Lea stand auf, um sich einen Zettel und einen Stift zu holen und noch ein paar Wörter mit sieben Buchstaben aufzuschreiben. Was könnte sich Breitenbacher für ein Wort ausgesucht haben? Es musste eins sein, auf das nicht jeder sofort kam. Wörter wie *Fenster* oder *Eingang* oder *oeffnen* waren viel zu einfach.

Wie wär's mit einem Autonamen? Lea ging alle Namen durch, die sie kannte. *Renault* war eins, das passen würde. Oder *Peugeot*.

Natürlich war es auch möglich, dass er irgendeinen Namen gewählt hatte. Wie hießen denn Leute, die so alt waren wie Breitenbacher? Mama zum Beispiel hieß *Susanne*, und Papa hatte einen Freund, der *Andreas* hieß. Aber vielleicht hatte Breitenbacher auch Kinder, die so alt waren wie sie. Gab es in ihrer Klasse Namen mit sieben Buchstaben? Komisch, die meisten waren kürzer: *Lena, Kira, Hanna, Max, Tim, Jan*. Oder länger: *Alexander, Sebastian, Annalena, Juliette*. Aber dann fand sie doch drei: *Rebecca, Natalie* und *Patrick*.

Lea merkte, wie sie anfing, wieder müde zu werden. Es war zu schwierig. Sie würden sicher nie das richtige Wort finden.

«Aufstehen! Es ist schon neun!», hörte sie eine Stimme rufen, und dann rüttelte jemand an ihrer Schulter.

Mühsam öffnete Lea die Augen. Vor ihr stand Niklas mit seinem Handy in der Hand.

«Hast du vergessen, was wir heute vorhaben?», flüsterte er.

«Nein», antwortete sie und sprang aus dem Bett. «Ich war vorhin eine Ewigkeit wach und habe über Wörter mit sieben Buchstaben nachgedacht.»

«Und?»

«Ich glaub, dass keins davon passen wird.»

«Wir müssen es probieren!»

«Und wenn Breitenbacher gar nicht wegfährt?»

«Der ist schon weg! Julie hat mir gerade eine SMS geschickt. Entweder ist er ganz früh gefahren oder gar nicht nach Hause gekommen.»

«Oh, dann müssen wir uns beeilen!», rief Lea und zog sich in Windeseile an.

«Ja, eben! Julie wird gleich versuchen, Blacky bei uns vorbeizubringen.»

«Und ihre Mutter?»

«Die ist mit Frühstückmachen beschäftigt.»

«Hast du schon geguckt, ob wir für Blacky was zu fressen haben?»

«Im Kühlschrank sind Krabben ...»

«Die mag sie bestimmt.»

«Aber wir müssen aufpassen, dass Helen nichts davon mitkriegt.»

«Das wird schwierig.»

«Mama und Papa sind wir auf jeden Fall bald los. Die wollen einen Großeinkauf machen.»

«Super.»

«Und Philipp will mit Mamas Auto an irgendeinen großen Strand fahren zum Surfen.»

«Okay ... bleibt nur Helen.»

«Vielleicht mag sie Katzen.»

«Ja ... trotzdem würde sie ihnen niemals teure Krabben zu fressen geben.»

«Dann stellen wir ihr etwas Sahne hin.»

«Und wann soll ich zu Johnny rübergehen?»

«Um halb zehn. Julie und ich haben abgemacht, dass ich draußen Wache schiebe, während sie mit ihrer Mutter nach Blacky sucht.»

«Und was machen wir, wenn Herr Breitenbacher gar kein Verbrecher ist?», fragte Lea und band sich ihre Haare zu einem Pferdeschwanz zusammen.

«Wie kommst du denn jetzt darauf?»

«Ich weiß nicht ...»

«Wir haben doch alle das Gefühl, dass hier was nicht stimmt.»

«Ja ... ich dachte nur gerade, dass es ziemlich peinlich wäre, wenn Johnny und ich in Breitenbachers Zimmer entdeckt würden und ...»

«Und was?»

«... er beweisen kann, dass er wirklich über Pinguine und Geparde forscht.»

Niklas starrte sie an, als hätte er plötzlich ein Gespenst gesehen. «He! Vielleicht ist das das Passwort!»

«Geparde? Das ist zu einfach. Haben wir doch gestern schon gesagt!»

«Nein! Pinguin!»

«Oh!» Lea zählte nach. «Sieben Buchstaben. Ja! Warum nicht? Niklas, das wäre super!»

In dem Augenblick rief Mama von unten, dass das Frühstück fertig sei.

«Denk dran, du musst in einer Viertelstunde los.»

Lea nickte. «Versuch, mit Blacky zu spielen. Vielleicht findest du ein Wollknäuel. Katzen mögen so was.»

«Wo soll ich das denn herkriegen?»

«Frag Helen.»

Mama und Papa wunderten sich, als Lea ihr Müsli hinunterschlang und verkündete, sie sei um halb zehn mit Johnny verabredet.

«Wollt ihr etwa bei diesem schönen Wetter wieder vorm Computer sitzen?», fragte Papa.

«Nur ein bisschen.»

«Was ist das überhaupt für ein Projekt?»

Lea sah, wie Niklas leicht den Kopf einzog.

«Tiere in Afrika», antwortete sie, ohne die Miene zu verziehen. «Sehr spannend, kann ich euch sagen.»

«Na gut», meinte Mama. «Aber du musst uns versprechen, dass ihr auch draußen spielt.»

«Klar, machen wir.»

Lea war höchstens fünf Minuten weg, als es an der Haustür klingelte.

«Das ist für mich!», rief Niklas und rannte los.

Er riss die Tür auf, und da stand Julie, völlig außer Puste.

«Have you seen Blacky?»

«Nein.»

«Oh, it's too bad! She ran away when I tried to pick her up.»

Niklas runzelte die Stirn. Spielte Julie jetzt nur ihre Rolle besonders gut, oder war Blacky wirklich verschwunden?

«She's really gone, Niklas!»

«Oh, nein! Meinst du, ich kann sie anlocken, wenn ich etwas Sahne rausstelle?»

«You can try, but if she got a fright, she might be hiding somewhere.»

«Okay, ich versuch's.»

«And I'll go back to make sure my Mom doesn't go into Breitenbacher's room.»

«Hello, Julie», rief Papa in dem Moment und kam auf sie zu.

Niklas zuckte zusammen. Hoffentlich hatte er nichts mitbekommen.

«You look very pale. What happened?»

«Our cat ran away.»

«Oh, dear! Is it the small black one?»

Julie nickte. «I'm really worried. She has never done this before.»

«We'll look out for her.»

«Thanks.»

Merkwürdig, dachte Niklas, nachdem Julie wieder gegangen war. Blacky musste gespürt haben, dass sie was mit ihr vorhatten.

«His friend's cat ran away», erklärte Papa, als sie zu Helen in die Küche kamen.

«Oh, poor thing!», rief sie erschrocken.

«So if you see a small black cat around, that's probably her.»

«Okay.»

Helen holte Sahne aus dem Kühlschrank und goss etwas in eine flache Schale.

«Perhaps this will bring her back», sagte sie und stellte die Schale draußen vor die Küchentür.

«Thanks», murmelte Niklas.

Es dauerte nicht lange, und er hörte, wie Helen ein paarmal in die Hände klatschte. Als er aus dem Fenster schaute, entdeckte er eine orange getigerte Katze, die gierig die Sahne aufschlürfte und Helen gar nicht beachtete. Von Blacky war nichts zu sehen.

Hoffentlich würde alles gutgehen. Er konnte jetzt nicht losziehen, um nach Blacky zu suchen, sondern musste hier am Fenster sitzen bleiben und die Straße im Blick behalten. Nichts wäre schlimmer, als wenn er Breitenbachers Rückkehr verpassen würde.

Lea saß bei Johnny am Schreibtisch und wartete darauf, dass er mit dem Schlüssel zu Breitenbachers Zimmer zurückkam.

Sie blätterte in seinem Tierlexikon und schrieb noch ein paar englische Tiernamen auf, für den Fall, dass *Pinguin* doch nicht das richtige Passwort war. *Leopard, lioness, giraffe, gazelle* und *buffalo*.

«Blacky, where are you?», hörte sie Julie draußen rufen. «My little Blacky.»

Sie klang ziemlich verzweifelt. Lea hätte nicht gedacht, dass sie ihre Rolle so gut spielen würde.

«Is she really gone?», fragte Julies Mutter.

«Yes, she is! I don't know how it could have happened.»

Lea grinste bei der Vorstellung, dass Blacky jetzt wahrscheinlich bei ihr zu Hause auf der Terrasse saß und mit Niklas spielte. Vielleicht hatte er es sogar geschafft, ihr ein paar Krabben zu fressen zu geben.

«She'll come back! Don't worry!»

Oh, nein! Hoffentlich kam Julies Mutter nicht ins Haus zurück.

In dem Augenblick ging die Tür auf, und Johnny schlüpfte herein.

«I've got the key to Breitenbacher's room», flüsterte er. «But we have to hurry! My mother doesn't believe that Blacky is gone. And do you know what's really strange? She *is* gone! Julie is quite upset.»

«Echt?»

Lea hatte nur so viel verstanden, dass Blacky tatsächlich verschwunden war. Wie konnte das bloß passieren?

So leise wie möglich schlichen sie über den Flur in den Anbau, in dem die Gästezimmer lagen. Was sollten sie tun, wenn ihnen jetzt jemand begegnete?

Johnny blieb vor der Tür mit der Nummer drei stehen und schob den Schlüssel ins Schloss.

«We have to take care not to disturb anything in his room», flüsterte er.

Lea nickte. Ihr Herz klopfte so stark, dass es beinahe wehtat.

In Breitenbachers Zimmer sah es chaotisch aus. Überall lagen Kleidungsstücke herum, und sein Bett war auch noch nicht gemacht. Aber nun wussten sie wenigstens, dass er hier übernachtet hatte und sehr früh aufgestanden war.

«Schließ am besten die Tür wieder ab», flüsterte Lea, «damit uns keiner überraschen kann.»

Johnny nickte. Seine Hand zitterte, als er den Schlüssel im Schloss umdrehte.

Dann sahen sie sich nach Breitenbachers Laptop um.

«I can't see it», flüsterte Johnny. «He must have taken it with him.»

«So ein Mist!», fluchte Lea und öffnete den Kleiderschrank. Doch auch dort war kein Laptop.

Johnny lief ins Bad, während Lea sich hinkniete und unter dem Bett nachschaute.

Als sie sich wieder aufrichtete, entdeckte sie etwas Silbriges, das unter der Bettdecke hervorlugte.

«Guck mal!», rief sie und zog einen flachen Apple-Macintosh-Laptop hervor.

Johnny kam aus dem Bad herbeigelaufen und strahlte. «Super!»

Es dauerte nicht lange, und er hatte das Internet-Kabel angeschlossen und die Verbindung zu AOL hergestellt. Unter AOL-E-Mail gab er Breitenbachers Adresse ein: *fbbacher@aol.com*

«Now we only need the right password.»

Sie begannen mit *Pinguin*, und als das nicht passte, probierten sie alle anderen Wörter aus, die Lea sich aufgeschrieben hatte. Danach gingen sie Johnnys Liste durch. Doch sie hatten kein Glück.

«This won't work», sagte Johnny enttäuscht. «We have to find some other way.»

«Warte mal ... Was heißt Pinguin auf Englisch?»

«Penguin.»

«Wie schreibt sich das?»

«P E N G U I N.»

«Sieben Buchstaben. Das käme auch hin.»

Lea hielt die Luft an, als Johnny das Wort *Penguin* eingab. Und tatsächlich! Es klappte!

«Hey! This is great!», rief Johnny.

«Nicht so laut!», flüsterte Lea.

Auf dem Bildschirm erschien ein neues Fenster. Mailbox. Sie haben 0 neue eMails.

«Guck mal unter *Gelesene eMail*.»

Doch weder dort noch unter *Verschickte eMail* fanden sich irgendwelche Mails.

«Ah, look!», sagte Johnny und zeigte auf das Feld daneben. «I think we have to go into: *in AOL gespeichert.*»

Und so war es. Unter der Überschrift *Verschickte Mails* wurden sie fündig. Hier waren Hunderte von E-Mails gespeichert. Allein gestern hatte Breitenbacher sieben Mails verschickt:

```
Datum       E-Mail-Adresse   Thema
20.10.06    fbbacher         Käfige
20.10.06    fbbacher         Transporter
20.10.06    fbbacher         Futter
20.10.06    fbbacher         Warenlieferung
20.10.06    fbbacher         Pilotenlizenz???
20.10.06    fbbacher         flight departure
20.10.06    fbbacher         Uhrzeit
```

«Now, let's see!», sagte Johnny und klickte die Mail zum Thema *Käfige* an.

Lea platzte fast vor Spannung, während sie darauf warteten, dass sich die Mail öffnete.

```
Thema:Käfige
Datum:Fr, 20. Okt. 2006 12:40
Von:fbbacher
An:k.meyerfeld@web.de

Hallo Kirsten,
ich wollte mich nur nochmal vergewissern, ob du
die Käfige beiseitegestellt hast. Sind unsere fünf
Kätzchen wohlauf?
Gruß, Frank
```

«Das ist der Beweis, dass sie die fünf jungen Geparde rausschmuggeln wollen», rief Lea.

«Yes, Kirsten is the name of the assistant at the *Cheetah Centre*! Julie told me.»

«Ja, die Frau, die Niklas an ihrer Stimme erkannt hat.»

In der nächsten Mail ging es um einen Transporter, den Breitenbacher für heute gemietet hatte. Als Abholzeit war 6 Uhr morgens vereinbart worden.

«Oh nein!», rief Lea. «Vielleicht sind wir genau einen Tag zu spät.»

«I'll see what the mail under *Warenlieferung* says», sagte Johnny und drückte auf die Taste.

```
Thema:Warenlieferung
Datum:Fr, 20. Okt. 2006 16:21
Von:fbbacher
An:mmuellermann@gmx.de

Sehr geehrter Herr Müllermann,

ich kann Ihnen die freudige Mitteilung machen, dass
die Lieferung der Ware sehr bald erfolgen wird.
Sie ist in hervorragendem Zustand. Ich wäre Ihnen
dankbar, wenn Sie mir die vereinbarte Summe in bar
bei unserem Treffen in Hamburg überreichen könnten.

Mit besten Grüßen
Frank Breitenbacher
```

«Müllermann heißt also der Typ, dem er die Geparde verkaufen will.»

«Yes, at least one of the cheetahs. And of course Breitenbacher wants cash from him.»

«Wir müssen verhindern, dass er die Geparde aus dem Land schmuggelt!»

«But in order to do that we need to prove that he's into something illegal.»

«Und wie sollen wir das machen?»

«I don't know.»

«Wenn wir bloß wüssten, wo er hingefahren ist!»

«I wonder what *flight departure* will tell us?», murmelte Johnny und klickte die Mail dazu an.

```
Thema:flight departure
Datum:Fr, 20. Okt. 2006 14:06
Von:fbbacher
An:Danny.Rhodes@web.co.za

Dear Danny,

The cargo won't cause any problems, because it's in
secure containers.
Kirsten and I hope to be at Stellenbosch Airfield
by 8 a.m., so that she can leave at around 8.45 a.m.
See you then.

Best wishes
Frank
```

«Oh, I'm beginning to get the picture!», stöhnte Johnny. «This is really bad news!»

«Ich hab das noch nicht kapiert!», rief Lea. «Was ist ein ‹cargo›? Und was sind ‹secure containers›?»

«Es wird keine Probleme mit der Fracht geben, weil sie in sicheren ... Behältern steckt.»

«Meint er damit die Geparde in den Käfigen?»

«Yes, I think so.»

«Und wo ist Stellenbosch?»

«It's an hour's drive from here. I didn't even know there was an airport at Stellenbosch. It must be a private one.»

«Ja, und auf einem privaten Flughafen gibt's bestimmt keinen Zoll.»

«Kirsten must have a pilot's licence, so that she can fly out the cheetahs.»

«Aber wohin?»

«I have no idea.»

«Ich hab's!», rief Lea plötzlich. «Wenn wir die Mails ausdrucken, haben wir den Beweis, den wir brauchen.»

«But Breitenbacher doesn't have a printer.»

«Du kannst sie doch an deine Mail-Adresse weiterleiten und in deinem Zimmer ausdrucken!»

Johnny starrte sie mit großen Augen an und grinste dann. «Lea, that's cool!»

Er hatte gerade angefangen, die Mails weiterzuleiten, als Leas Handy klingelte. Sie erschrak, als sie sah, dass es Niklas' Nummer war. «Hallo?»

«Ich habe eben einen weißen Opel Astra vorbeifahren sehen», rief Niklas aufgeregt. «Ihr müsst verschwinden.»

«Kannst du Breitenbacher nicht aufhalten? Wir brauchen noch ein paar Minuten! Außerdem ist der Laptop warm. Das wird ihm auffallen.»

«Aber wie soll ich ihn aufhalten?»

«Keine Ahnung! Denk dir was aus.»

«Lea, das ist zu gefährlich.»

«He can ask Breitenbacher if he has seen Blacky», schlug Johnny vor.

«Hast du gehört, was Johnny gesagt hat? Lauf runter und frag ihn, ob er Blacky gesehen hat. Die ist nämlich verschwunden.»

«Ich weiß, aber ...»

«Nun mach schon!»

«Okay.»

Als sie aufgelegt hatte, erklärte Johnny, dass er die ersten fünf Mails weitergeleitet hätte.

«Super!», rief Lea. «Je mehr wir schaffen, umso besser.»

Niklas war inzwischen aus seinem Zimmer gestürzt und lief, so schnell er konnte, die Treppe hinunter. Vor der Haustür wäre er beinahe mit Helen zusammengestoßen.

«Sorry!», rief er ihr zu und rannte nach draußen.

Als er bei Julie und Johnny ankam, atmete er auf. Dort parkte kein weißer Opel Astra. Breitenbacher war noch unterwegs!

Sofort rief er Lea an, um ihr Entwarnung zu geben.

«Danke! Bis gleich!»

In dem Moment spürte Niklas, wie etwas Weiches um seine Beine strich. Es war Blacky! «Da bist du ja!» Als er sich bückte, um sie zu streicheln, begann sie zu schnurren.

«Vielleicht passen wir jetzt zusammen auf», murmelte er.

Ein paar Minuten später bog Julie um die Ecke. «Oh, there you are!», rief sie erleichtert und nahm Blacky auf den Arm. «I was really worried!»

«Wo ist deine Mutter?», flüsterte Niklas.

«In the kitchen. But she told me that she'll do the guest-rooms in a minute. On Saturdays the cleaner doesn't come.»

«Dann muss ich Lea Bescheid sagen.»

«My mother is still listening to the news.»

«Was sind ‹news›?»

«Nachrichten.»

In dem Augenblick wurde das Küchenfenster geöffnet. «Kinder, kommt mal her!», rief Julies Mutter und winkte ihnen aufgeregt zu.

«Why? What's the matter?»

«Heute Morgen sind fünf junge Geparde aus dem *Cheetah Centre* in Hout Bay gestohlen worden.»

«Oh, no!»

«Die deutsche Assistentin der Tierpflegerin scheint in die Geschichte verwickelt zu sein, denn sie ist auch verschwunden.»

Niklas schluckte. Jetzt hatten sie es doch nicht mehr rechtzeitig geschafft!

# WE HAVE TO CALL THE POLICE!

Es fehlte nicht viel, und Niklas hätte Julies Mutter alles erzählt. Doch da klingelte bei ihr das Telefon, und sie verschwand vom Küchenfenster.

«We can't tell anybody before we have proof that Breitenbacher is involved in this», flüsterte Julie.

«What's ‹proof›?»

«Ein Beweis.»

«Ich rufe Lea an und frage, ob sie sein Passwort gefunden haben.»

«Okay.»

Lea antwortete sofort: «Wir sind gleich fertig.»

«Heißt das, dass ihr an Breitenbachers E-Mails gekommen seid?»

«Ja! Und wir haben tolle Beweise!»

«Die werden wir auch brauchen. Gerade eben kam in den Nachrichten, dass fünf junge Geparde aus dem *Cheetah Centre* in Hout Bay gestohlen worden sind», berichtete Niklas.

«Die haben Kirsten und Breitenbacher heute Morgen nach Stellenbosch gebracht.»

«Stellenbosch?», fragte Niklas atemlos. «Ist das ein Flughafen?»

«Ja. Kirsten hat eine südafrikanische Pilotenlizenz und wird die Geparde heute von Stellenbosch Airfield nach Hoedspruit fliegen.»

«Wohin?»

«Johnny sagt, das ist ganz weit weg, irgendwo im Norden Südafrikas, in der Nähe vom Kruger Nationalpark», meinte Lea.

«Ihr müsst euch beeilen! Julies Mutter will gleich die Zimmer putzen», warnte Niklas.

«Johnny sagt, es macht nichts, wenn sie uns hier findet. Wir decken schließlich ein Verbrechen auf.»

In dem Moment hörte Niklas hinter sich ein Motorengeräusch. Er drehte sich um und sah, wie ein weißer Opel Astra vorm Gartentor hielt.

«Breitenbacher ist wieder da!», rief er in sein Handy.

«Keep your voice down!», zischte Julie.

«Das Gartentor geht schon auf. Ihr müsst sofort das Zimmer räumen!»

«Okay.»

Julie versuchte Niklas hinter sich her ins Haus zu ziehen, doch er konnte sich nicht vom Fleck rühren. Ihm musste irgendwas einfallen, was er Breitenbacher fragen könnte, damit sie Zeit gewinnen würden. Er kannte Lea: Sie liebte das Risiko und würde bis zum letzten Moment in Breitenbachers Zimmer bleiben.

«Guten Morgen, ihr zwei!», rief Breitenbacher und stieg aus seinem Wagen.

«Morning», murmelte Julie.

«Hallo ...» Niklas räusperte sich. «Wie fährt sich so ein Opel Astra?»

Breitenbacher schaute ihn erstaunt an. «Nicht schlecht. Aber mit meinem Wagen zu Hause ist er natürlich nicht zu vergleichen.»

«Was fahren Sie denn da?»

«Einen Mercedes Coupé, eine CLS-Klasse.»

«Schönes Auto.»

«Ja, das kannst du wohl sagen.»

«It's quite expensive, isn't it?», fragte Julie.

Breitenbacher nickte. «Aber das Fahrgefühl ist hervorragend.»

«When I'm grown up, I'll drive a BMW.»

«Auch nicht schlecht. Und du?», wandte Breitenbach sich an Niklas.

«Einen Porsche.»

«Ja, die haben's in sich. Weißt du schon, was du mal werden willst?»

«Vielleicht Regisseur wie mein Papa. Oder Fußballer.»

«Na, dann viel Glück», sagte Breitenbacher und ging ins Haus.

Niklas wäre am liebsten hinter ihm hergelaufen und hätte ihn noch was gefragt, um ihn weiter aufzuhalten. Doch da kam eine SMS von Lea. Sie saßen in Johnnys Zimmer.

«Das ist gerade nochmal gutgegangen», flüsterte Niklas.

Als sie in Johnnys Zimmer kamen, war dieser gerade dabei, Breitenbachers E-Mails auszudrucken.

«We have to call the police», sagte er. «But first we must find out from Stellenbosch Airfield when the plane will land in Hoedspruit.»

«Have you got the phone number?», fragte Julie.

«Here it is», antwortete er und reichte ihr eine der Mails.

«Wir haben Wahnsinnssachen herausgefunden!», rief Lea, während Julie den Hörer zur Hand nahm. «Stellt euch vor, die Geparde sollen in Hoedspruit in eine größere Maschine umgeladen werden, und die wird dann zusammen mit vielen anderen Tierlieferungen nach Uganda fliegen.»

«Das ist ja so gemein!», murmelte Niklas.

«And we also know the name of one of his customers», rief Johnny. «He's called Max Müllermann –»

«– und dieser Müllermann wohnt in einer riesigen Villa in Hamburg –»

«– and in his garden he has cages with other wild animals.»

«Aber ein Gepard fehlt ihm noch.»

«The plane will land in Hoedspruit at 11:45 a.m.», sagte Julie. «Now I'll ring the police.»

«Leute, wir waren vielleicht blöd!», rief Lea da plötzlich. «Wir hätten doch Breitenbachers E-Mails auch von Johnnys Computer aus abrufen können. Wenn man den Provider, die E-Mail-Adresse und das Passwort hat, kann man jeden Computer benutzen.»

«That's true», sagte Johnny zerknirscht. «I hope Breitenbacher won't check his e-mails right now, because he might notice that a lot of his mails were sent to my e-mail-address.»

Doch in diesem Augenblick wurde die Tür aufgerissen, und Breitenbacher stürzte ins Zimmer. Lea erschrak, als sie sah, dass er eine Pistole in der Hand hatte.

«Ihr haltet euch wohl für besonders clever, was? Ab, in die Ecke!»

Breitenbacher zeigte mit seiner Waffe in die hinterste Ecke des Zimmers. Lea schluckte. Von dort würden sie weder die Tür noch das Fenster erreichen.

«Wer ein Handy hat, raus damit!»

Zögernd gaben sie ihm ihre Handys. Leas Hand zitterte. Ob Julie es noch geschafft hatte, die Polizei anzurufen?

«So, Johnny Saunders, deinen Laptop hast du zum letzten Mal gesehen.»

«No!», rief Johnny entsetzt.

«Ich habe keine Ahnung, wie ihr an mein Passwort gekommen seid», sagte Breitenbacher, während er die ausgedruckten E-Mails in seine Tasche stopfte und sich dann Johnnys Laptop unter den Arm klemmte. «Aber das spielt auch keine Rolle mehr. Ich lasse mir von so einer Kinderbande wie euch nicht mein Geschäft vermasseln.»

Er wird niemals davonkommen, dachte Lea. Sobald er weg ist, rufen wir die Polizei.

«Und dich, diesen künftigen Porschefahrer, werde ich mitnehmen!», verkündete Breitenbacher und gab Niklas mit der Pistole ein Zeichen, zur Tür zu gehen.

«Nein, das dürfen Sie nicht!», rief Lea. «Das ist mein Bruder!»

«Halt die Klappe!», schrie Breitenbacher. «Und ich warne euch: Wenn ihr die Polizei benachrichtigt, wird das böse Folgen haben.»

Stumm vor Angst musste Lea zusehen, wie die beiden das Zimmer verließen. Dann brach sie in Tränen aus.

«I did call the police», flüsterte Julie. «We have to call them again to tell them that he took Niklas with him.»

«Ich muss meinen Eltern Bescheid sagen», schluchzte Lea und wollte aus dem Zimmer laufen.

«Wait a minute», sagte Johnny. «Otherwise he'll take you with him as well.»

Wieso war sie bloß die ganze Zeit nie auf die Idee gekommen, dass Breitenbacher eine Pistole haben könnte?

# BLACKYS EINSATZ

Niklas ging langsam die Treppe hinunter. Wenn er nicht das harte Metall der Pistole zwischen seinen Schulterblättern spüren würde, hätte er geglaubt, es sei alles nur ein böser Traum. Seine Kehle war so trocken, dass er kaum noch schlucken konnte.

«Du gehst jetzt direkt zum Auto und steigst hinten ein», zischte Breitenbacher ihm zu.

Niklas nickte.

«Und kein Wort! Zu niemandem!»

Draußen war es so hell, dass Niklas die Augen zusammenkneifen musste. Vielleicht hatte er Glück und Mrs. Saunders schaute gerade aus dem Küchenfenster ... Oder Mr. Saunders kam in seinem Range Rover nach Hause ... Oder Mama und Papa fuhren zufällig auf der Straße vorbei ...

«Verfluchtes Biest!», hörte er Breitenbacher da rufen.

Niklas wusste nicht, was geschehen war, aber er spürte plötzlich keine Pistole mehr im Rücken. Ohne zu überlegen, duckte er sich und verschwand blitzschnell im Gebüsch neben dem Gästeparkplatz.

«Komm da sofort wieder raus!», schrie Breitenbacher.

«Was geht hier vor?» Das war die Stimme von Mrs. Saunders. Niklas hielt die Luft an. «Sind Sie denn verrückt geworden, hier mit einer Pistole herumzufuchteln?»

«Gehen Sie mir aus dem Weg!» Eine Autotür wurde zugeschlagen. Und kurz darauf sprang der Opelmotor an.

«Halt!», schrie Mrs. Saunders.

Niklas' Blick fiel auf Blacky, die neben ihm aufgetaucht war und ihn mit ihren grünen Augen ansah.

«Hast du mich gerettet?», flüsterte er und streichelte ihr vorsichtig den Kopf.

Blacky schmiegte sich an ihn. Ja, Niklas war sich sicher, dass sie Breitenbacher vor die Füße gelaufen war. Und beim Stolpern hatte er einen Moment lang nicht aufgepasst.

«Jetzt ist er weg, der Schuft!», rief Mrs. Saunders, während das Motorengeräusch sich entfernte.

Da traute sich Niklas wieder aus dem Gebüsch hervor.

«Niklas!» Mrs. Saunders schaute ihn erschrocken an. «Du bist ja ganz bleich! Hat Herr Breitenbacher dich etwa bedroht?»

«Ja ...» Und dann brach die Geschichte aus ihm heraus.

«Wir müssen sofort die Polizei anrufen!», rief Mrs. Saunders.

«Niklas!», schrie da Lea und stürzte auf ihn zu.

Sie hielt ihn so fest, als wolle sie ihn nie wieder loslassen.

«We've already called the police», sagte Julie, «but that was before he threatened us with his pistol.»

«And before he took Niklas with him», fügte Johnny hinzu.

«Seid ihr denn verrückt geworden, auf eigene Faust auf Verbrecherjagd zu gehen?»

In der nächsten halben Stunde wurde ununterbrochen telefoniert. Und dann waren Mama und Papa auf einmal da. Mama schloss Niklas in die Arme und fing an zu weinen. Und Papa wollte von Lea ganz genau wissen, was passiert war.

«Warum habt ihr uns denn nichts gesagt?», fragte Mama und wischte sich die Tränen ab.

«Weil wir noch keine Beweise hatten», antwortete Lea. «Außerdem hättet ihr uns verboten, weiter nach welchen zu suchen.»

Papa nickte. «Allerdings.»

«And now everything is gone, including my laptop», stöhnte Johnny.

«I'm sure the police will catch Breitenbacher and then you'll get your laptop back», versuchte Julie ihn zu beruhigen.

«I don't know», murmelte Johnny. «Perhaps he'll just throw it into the sea ... to destroy the proof.»

«Oh nein!», rief Lea.

In der Ferne war jetzt eine Polizeisirene zu hören, und wenig später kam ein Wagen mit quietschenden Bremsen vorm Haus zum Stehen.

Zwei Beamte sprangen heraus, und nun mussten sie die Geschichte wieder von vorn erzählen.

«He's probably on his way to the airport», sagte der eine und gab die Beschreibung Breitenbachers über Funk durch. «We've been trying for ages to track down these animal smugglers», meinte der andere. «Catching Breitenbacher might be very important.»

«I rang the police about an hour ago to say that the plane with the cheetahs will land in Hoedspruit at 11:45 a.m.», sagte Julie und schaute auf die Uhr. «It's now 11:30. Do you know if the police in Hoedspruit are at the airport to pick up the animals and to arrest the pilot?»

«I'll check that straight away.»

Alle warteten gespannt, bis der Beamte sein Gespräch beendet hatte.

«Yes, everybody is ready at Hoedspruit. We are very grateful for the information. And we'll make sure that Breitenbacher doesn't leave the country.»

Nachdem die Polizeibeamten wieder abgefahren waren, setzten sie sich erschöpft in den Garten und wurden von Mrs. Saunders mit Weintraubenschorle und Melktart versorgt.

Da tauchte auf einmal Philipp in seinem Surfanzug auf. «Helen hat mir erzählt, dass ihr hier seid. Ich habe gerade was sehr Aufregendes erlebt.»

Und dann berichtete er ihnen, dass er auf dem Rückweg vom Strand an eine Polizeisperre gekommen sei. Dort sei der Fahrer von einem weißen Opel Astra festgenommen worden.

«Er sah aus wie der Mann, der hier ein Zimmer gemietet hatte.»

«That's him!», rief Johnny. «Did you see if they picked up my laptop as well?»

Philipp schaute ihn verständnislos an. «Your laptop?»

Während Julie schnell die ganze Geschichte für Philipp zusammenfasste, klingelte das Telefon. Es war die Polizei, die ihnen mitteilte, dass Breitenbacher verhaftet worden sei und man alle Beweismaterialien sichergestellt hätte.

«And what about my laptop?», fragte Johnny.

«Alles okay», antwortete seine Mutter und lächelte.

«Oh, good!», seufzte Johnny erleichtert.

# THE CHEETAH CENTRE

Breitenbachers Festnahme wurde sogar abends im Fernsehen gezeigt.

«Sie hätten ruhig sagen können, dass wir den Tierschmuggel aufgedeckt haben», rief Lea enttäuscht.

«Das kommt vielleicht noch», meinte Papa. «Guckt mal, da sind die fünf kleinen Geparde.»

Tatsächlich! Sie lagen zusammengerollt in ihren Käfigen und schauten ängstlich in die Kamera. Der Reporter berichtete, dass man noch viele andere Tierlieferungen sichergestellt hätte: Löwen, Leoparden, Antilopen, Elefanten, Krokodile, Schlangen und sogar ein junges Nashorn.

«A group of children in Cape Town tracked down the head of the gang of animal smugglers», sagte der Reporter.

«He! Das sind wir!», rief Lea.

«It's a big success for the South African police who have been trying for many years to stop the illegal trade in wild animals.»

Niklas strahlte. «Super!»

«Ja», seufzte Mama. «Aber mir wird immer noch ganz mulmig, wenn ich daran denke, in was für eine Gefahr ihr euch begeben habt.»

Papa nickte. «Solche Verbrecher schrecken vor nichts zurück!»

«Es ist ja nochmal gutgegangen», murmelte Lea.

«Ja, nur stell dir vor, dieser Breitenbacher wäre nicht über Blacky gestolpert, sondern hätte Niklas mitgenommen. Das hätte ganz schlimm enden können.»

Niklas spürte, wie es ihm eiskalt den Rücken herunterlief. Er hatte eine irrsinnige Angst gehabt.

«Heute haben Mama und ich frei», verkündete Papa, als sie am nächsten Morgen beim Frühstück auf der Terrasse saßen. «Was haltet ihr davon, wenn wir einen Ausflug zum Kap der Guten Hoffnung machen?»

Niklas zögerte.

«Das soll sehr schön sein», sagte Mama. «Außerdem gibt's dort einen Naturschutzpark mit vielen Tieren: Antilopen, Strauße und sogar Zebras.»

Lea schüttelte den Kopf. «Vielleicht ein andermal.»

«Wo möchtet ihr denn hinfahren?»

«Zum *Cheetah Centre*», riefen beide wie aus einem Munde.

«Die jungen Geparde sind bestimmt noch nicht wieder da», sagte Mama.

«Glaub ich doch», entgegnete Niklas.

«Wir können ja anrufen», schlug Lea vor.

Ein paar Minuten später wussten sie, dass die Geparde schon seit gestern Abend wieder bei ihrer Mutter waren. Aber es gab einen großen Besucherandrang, weil man sie im Fernsehen gezeigt hatte. Deshalb waren heute alle Führungen ausgebucht.

«Och, wie blöd», murmelte Niklas.

«Papa, hast du gesagt, dass wir die Geparde gerettet haben?», fragte Lea.

Er schaute sie verblüfft an. «Das hab ich glatt vergessen.»

«Dann musst du nochmal anrufen.»

Diesmal klappte es. Man versprach ihnen sogar eine Extraführung.

«Können Johnny und Julie auch mitkommen?», fragte Niklas.

«Oh ja!», rief Lea.

Mama nickte. «Warum nicht?»

«Und wenn ihre Eltern Zeit haben –», sagte Papa.

«Und Philipp», rief Niklas.

«Vielleicht nehmen wir ein Picknick mit», schlug Mama vor.

«Dabei fällt mir was ein», rief Papa und lief in die Küche.

Er hatte beide Hände hinterm Rücken versteckt, als er ins Wohnzimmer zurückkam.

«Die sind für dich!», sagte er und warf Niklas eine Tüte mit Lakritzstangen zu. «Haben wir gestern im Supermarkt gefunden.»

«Danke.»

«Und was krieg ich?», rief Lea. «Gummibärchen?»

«Genau!»

«Hmmm, lecker!»

Damit hat alles angefangen, dachte Niklas, als er seine Tüte aufriss. Mit der Suche nach Lakritzstangen. Und daraus hatte sich ein richtiger Kriminalfall entwickelt. Ihr erster Fall!

So waren sie schließlich zu neunt, als sie durchs *Cheetah Centre* geführt wurden. Waren Julie und er wirklich erst vor drei Tagen hier gewesen?, fragte sich Niklas. Seitdem war so viel passiert!

Er konnte es kaum erwarten, bis sie endlich zum Gehege mit den jungen Geparden kamen. Sein Herz klopfte. Ja, da waren sie: eins, zwei, drei, vier, fünf kleine Geparde, die mit ihrer Mutter spielten. Und sie sahen zum Glück überhaupt nicht mehr ängstlich aus.

© Alan Kramer

### RENATE AHRENS,

1955 in Herford geboren, studierte Englisch und Französisch in Marburg, Lille und Hamburg. Zu ihren Veröffentlichungen gehören Kinderbücher, Drehbücher fürs Kinderfernsehen, Hörspiele, Theaterstücke und zwei Romane für Erwachsene.

Seit 1986 lebt sie abwechselnd in Dublin und Hamburg und zwischendurch auch mal in Kapstadt, wo ihr Mann geboren wurde ...